GESCHÄFT
ABTR€IBUNG

ALEXANDRA M. LINDER

GESCHÄFT
ABTR€IBUNG

ALEXANDRA M. LINDER

Sankt Ulrich Verlag

Bibliographische Information der Deutschen Bibliothek

Die Deutsche Bibliothek verzeichnet diese Publikation in der
Deutschen Nationalbibliographie; detaillierte bibliographische Daten
sind im Internet über http://dnb.ddb.de abrufbar.

© 2009 by Sankt Ulrich Verlag GmbH, Augsburg
Alle Rechte vorbehalten
Umschlaggestaltung: uv media werbeagentur
Mediengruppe Sankt Ulrich Verlag, Augsburg
Druck und Bindung: CPI – Ebner & Spiegel, Ulm
Printed in Germany
ISBN 978-3-86744-084-4
www.sankt-ulrich-verlag.de

INHALT

Einleitung   9

**Spätverhütung oder Frühabtreibung? –
Pharmakologische Methoden der Abtreibung**   19

Gängige Verhütungs- und Abtreibungsmittel   23

Der Trend: Impfen gegen Schwangerschaft   39

**Wegwerfen oder verwerten? – Chirurgische
und mechanische Methoden der Abtreibung**   43

Sterbenlassen oder vorher töten? –
Abtreibungen nach der 20. Woche   47

Gewinnerzielung und Kostenerstattung   49

**Gesundbleiben mit getöteten Kindern? –
Impfstoffe**   55

Zwei Zell-Linien aus zwei abgetriebenen Kindern   57

Warum Kinderzellen?   63

Gezielte Tötung gesunder Kinder?   73

Umsatzsteigerungen durch Impfstoffe   77

Was sind „Säugerzellen"?   79

**Tausche Leben gegen Tod? –
Transplantation und Zelltherapie** 83

Spenderorgane sind Mangelware 88

Institute mit Erfahrung in der Verwendung 93
von abgetriebenen Kindern

Verschleierung und Verharmlosung 96

Menschliche oder tierische Zellen? 98

Ein Organ-Markt aus Föten? 99

**Zukunft „aus Kindern" statt „mit Kindern"? –
Neue medizinische Möglichkeiten** 103

**Lieber Kinder verbrauchen als Tiere? –
Diagnostik und Testverfahren** 111

**Schönheit aus dem Horrorkabinett? –
Getötete Kinder in der Kosmetik** 115

**„Gespendete Kinder"? –
Künstliche Befruchtung und
Stammzellforschung** 121

Wen schützt das Embryonenschutzgesetz? 124

Die Rolle der In-vitro-Fertilisation:
Kinder auf Vorrat 127

Kinder aus dem Reagenzglas:
geringe Erfolge, hohes Risiko 130

Mehr Menschenmaterial und höhere Umsätze 135

**Töten für den Machterhalt? –
Internationale Verflechtungen** 139

Eine klare Strategie 140

UNFPA – Umwegfinanzierung durch die UNO 149

IPPF – Der Dachverband von „Pro Familia" 153

Ipas – Tödliche Geschäfte in der Dritten Welt 156

Schlusswort 169

Literaturliste 172

„Der Preis der Feigheit ist nur das Böse;
wir ernten Mut und Sieg nur, wenn wir Opfer wagen.“

Alexander Solschenizyn

EINLEITUNG

Dieses Buch möchte Sie aufklären, über Fakten und Hintergründe, die Ihnen bisher nicht bekannt sein werden. Es wird Ihnen vielleicht gleichzeitig Illusionen nehmen. Illusionen darüber, dass das Recht auf Leben und der Lebensschutz im Mittelpunkt staatlicher und internationaler Aktivitäten stehen und dass diese Rechte nicht für kommerzielle oder ideologische Zwecke missbraucht werden. Illusionen darüber, dass Abtreibung ein relativ seltener Vorgang ist, der nur in extremen Not- und Ausnahmefällen durchgeführt wird und der den davon betroffenen Frauen helfen will. Dieses Buch wird Ihnen zeigen, dass in unserer Zeit die Chance, das Licht der Welt zu erblicken, ein gefährdetes Privileg geworden ist. Denn es gibt in den reichsten Nationen der Welt einen weitreichenden Konsens darüber, dass Schwangerschaften grundsätzlich nicht nur eine, sondern zwei mögliche und rechtmäßige Abschlüsse finden können: Geburt oder Abtreibung.

Weltweit befinden wir uns seit Jahrzehnten in einem Krieg gegen das Leben und gegen die Kinder. Die Opfer dieses Krieges sterben lautlos. Sie wehren sich nicht, sie schreien nicht, sie demonstrieren nicht, sie schließen sich nicht zu Widerstandsgruppen zusammen, von ihrem Leiden und ihrem Tod bemerken wir kaum etwas. Denn die Opfer dieses Krieges sind zu klein und zu hilflos, um sich erfolgreich wehren oder sich wenigstens bemerkbar machen zu können.

Die Ergebnisse jeder Abtreibung sind immer dieselben: ein totes Kind, eine körperlich und meistens auch seelisch verletzte Frau, eine zerstörte Familie (über 60 % aller Beziehungen werden innerhalb eines Jahres nach einer Abtreibung beendet). In den letzten 30 Jahren starben allein in Deutschland 8 Millionen Kinder durch Abtreibung, weltweit wurden mindestens 1,2 Milliarden Kinder vor der Geburt getötet. Alle diese Kinder sterben auf eine Art und Weise, die bei jedem anderen Menschen als Grausamkeit verurteilt, verboten und geächtet würde. Und alle diese Kinder fehlen, in den westlichen Staaten fehlen sie sogar schon in rein zahlenmäßigem Sinne, weil unsere Bevölkerungen schrumpfen. Es wäre allerdings unredlich, nur aufgrund der demographischen Entwicklung plötzlich gegen Abtreibungen zu sein, denn das würde den Kindern und der Würde des Menschen nicht gerecht – aber es ist auf jeden Fall ein Aspekt, der auch öffentlich erwähnt und bedacht werden sollte.

Abtreibung war schon immer ein Geschäft. Ein Geschäft, an dem viele Leute in vielen verschiedenen Branchen viel verdienen. Es geht hier nicht um kleine Verdienste, sondern in der Regel um sehr hohe, immer mindestens sechsstellige Beträge. Nicht nur bei uns, auf der ganzen Welt ist die Tötung von Kindern vor der Geburt nicht nur zum breit akzeptieren, sondern auch zum staatlich geförderten und gewinnbringenden Instrument der „reproduktiven Gesundheit" und der „Familienplanung" geworden, zwei Begriffe, die in diesem Buch eine wichtige Rolle spielen.

Abtreibung ist keine kulturelle Errungenschaft, vielmehr ist sie schlimmer und akuter zu bekämpfen denn je, und sie kann kein Menschenrecht sein – kein Mensch kann das Recht haben, einen anderen Menschen töten zu lassen. Abtreibung ist nichts, was man als naturgegebenes oder nicht zu verhinderndes Faktum hinzunehmen oder gar anzuerkennen hat, auch wenn es schon immer Abtreibungen gegeben hat und man sie nie ganz verhindern können wird. Auf Kosten der Kinder und ihrer Angehörigen werden eiskalt horrende Geschäfte gemacht. Es ist in einigen Bereichen ein echter Wettbewerb um die größte Gewinnerzielung mit getöteten Kindern.

Im Normalfall landen abgetriebene Kinder im Klinikmüll und werden in einer Müllverbrennungsanlage „entsorgt". Nach der Abtreibung werden die toten Kinder bis zur 12. Woche nur kurz in der Pathologie zusammen mit der Plazenta, dem Mutterkuchen, untersucht. Bei Spätabtreibungen müssen intensivere Untersuchungen gemacht werden, vor allem bei einer medizinischen Indikation, wenn also das Kind aufgrund von (nicht selten mutmaßlichen) Krankheiten oder Behinderungen getötet wurde. Danach kommen die Kinder in die Müllverbrennungsanlage.

Manche Krankenhäuser gehen andere, menschenwürdigere Wege: ein Krankenhaus in Stuttgart zum Beispiel hat auf dem städtischen Friedhof ein Sammelgrab für alle Kinder eingerichtet, die vor der Geburt sterben. Einmal im Monat wird für diese Kinder ein Gedenkgottesdienst abgehalten, zu dem die Eltern eingeladen werden, danach werden die Kinder gemeinsam beerdigt. Eine Pathologin, die Kinder nach einer Abtreibung untersuchen muss, sagte, so könne man den Kindern wenigstens ein würdiges Begräbnis schenken, wenn man ihnen schon kein würdiges Leben hätte schenken können.

Kinder, die nach ihrer Abtreibung begraben oder verbrannt werden, erhalten wenigstens noch ein „menschliches" Ende. Anderen Kindern ist dies nicht vergönnt.

Denn Meldungen aus der Medizin, aus der Forschung und aus der Politik laufen momentan, was Kinder vor der Geburt angeht, in eine bestimmte Richtung: die Durchsetzung einer möglichst legalisierten, vollständigen Verwertbarkeit dieser Kleinstkinder, vorgeblich zur Heilung von schon geborenen

Menschen. Es handelt sich bei den Menschen, die geheilt werden sollen, zum Teil um Menschen, die mit Krankheiten und Leiden geschlagen sind, welche man vorgibt, am besten durch abgetriebene oder künstlich gezeugte Kleinstkinder heilen zu können – die Perversität einer solchen Argumentation ist offensichtlich, aber gesellschaftsfähig.

Und mehr noch: Abtreibung ist damit weltweit zu einem Milliardengeschäft geworden, an dem Pharmakonzerne, Forscher, Politiker und Bürokratie verdienen. In den folgenden Kapiteln sollen Fakten und Zusammenhänge aufgezeigt werden. Wie konnte Abtreibung zum weltweiten Geschäft werden? Warum wird inzwischen ein „Recht auf Abtreibung" als elementares „Frauenrecht" vermarktet? Wer und was steckt dahinter, wie wird sie durchgeführt, wer profitiert davon? Was haben Familienplanung, In-vitro-Fertilisation, embryonale Stammzellforschung und Impfstoffe mit Abtreibung zu tun?

So manche Stellungnahme zu diesen Themen geben die Verfechter der kommerziellen Verwertung von Kleinstkindern selbst. Ein Politiker der SPD fragte am 11. Juni 2001 im „Spiegel", ob es wirklich vernünftig sei, zwar problemlos mehr als 130.000 Abtreibungen jährlich zu akzeptieren, „aber die streng kontrollierte Verwendung einiger hundert nicht eingenisteter Embryos zum Zweck hochrangiger Forschung zum Schritt über den Rubikon zu erklären, also als rechtswidrige Tötung menschlichen Lebens zu behandeln." Womit er logisch betrachtet recht hat. Wenn ein Kind vor der Geburt getötet werden kann, warum soll man dann nicht auch daran forschen dürfen? Sozusagen dem Sterben noch einen nachträglichen Sinn geben?

Die FDP, die an vorderster Front steht mit der Forderung, dass „Stammzellforschung nicht länger blockiert werden" dürfe, führt als Argument auch ins Feld, dass sich über die jahrzehntelange Verwendung von abgetriebenen Kindern für Impfstoffe ja auch niemand aufgeregt habe.

Das soll hier in sachlicher Weise nachgeholt werden und zum Weiterforschen, Nachdenken und Handeln anregen.

Es ist bei weitem nicht das erste Mal, dass sich jemand mit der kommerziellen Nutzung von nicht-geborenen Kindern beschäftigt: Im Oktober 1983 erschien ein Bericht des Ausschusses für Energie, Forschung und Technologie (Ghergo-Bericht) der EU-Kommission, der unter anderem feststellte: „Die Nutzung der Föten hat ein dichtes Netz wirtschaftlicher Interessen entstehen lassen, die vom Handel unter Verwendung finanzieller Anreize, um die Bereitschaft der Spendermutter zu fördern, bis zur Manipulation im Laboratorium gehen. Bekanntlich findet ein Handel mit Föten und embryonalem Gewebe (…) statt. (…) Hierbei handelt es sich um Laboratorien für Embryologie, Zulieferer der kosmetischen Industrie für die Zubereitung von Schönheitspräparaten (…), Laboratorien, in denen sogenannte therapeutische Produkte (Verjüngungsmittel) (…) hergestellt werden."

Daran hat sich nichts geändert. Es gab seitdem keine einzige Maßnahme, weder auf nationaler noch auf internationaler Ebene, mit der die kommerzielle Nutzung eingedämmt oder gar verboten wurde.

Viele haben vorgesagt, sobald der grundlegende Damm der Menschenwürde mit der Abtreibung gebrochen sei, würden weitere Dammbrüche innerhalb weniger Jahre folgen – ihre Vorhersage ist längst eingetroffen und hat die schlimmsten Befürchtungen längst übertroffen. Die Propaganda für Euthanasie und die vielfältige Verwendung und Verwertung von Kindern vor der Geburt sind die aktuellsten Folgeerscheinungen dieses Dammbruchs.

13

Mit Abtreibungen lassen sich nicht nur Gewinne machen, sondern auch Kosten sparen, ein Aspekt, der in diesem Buch aus Gründen des Umfanges nicht vertieft wird. Bereits in den 1970er Jahren rechnete Eberhard Passarge, langjähriger Vorsitzender der Deutschen Gesellschaft für Humangenetik, aus, wieviel preiswerter es sei, ein Kind mit Trisomie 21 (Down-Syndrom) abzutreiben, statt es über Jahre oder Jahrzehnte zu versorgen und zu behandeln: „In absoluten Zahlen ständen Aufwendungen für die Pflege der Kinder von jährlich rund 61,6 Millionen DM den Aufwendungen für ihre Prävention von rund 13,5 Millionen DM gegenüber. Dies würde bei einer Kosten-Nutzen-Relation von 0,25 jährlich eine Einsparung von rund 48 Millionen bedeuten" (aus: Genetische Pränataldiagnostik als Aufgabe der Präventivmedizin – Eine Kosten-Nutzen-Analyse). Eine Krankenkasse in Baden-Württemberg hatte in diesem Sinne schon einmal einen Prozess gewonnen: sie hatte sich geweigert, ein Kind zu versichern, dessen Behinderung vor der Geburt bekannt war und dessen Eltern es trotzdem bekommen hatten. Die Argumentation lief dahin, dass man „so ein Kind" heutzutage ja nicht mehr bekommen müsse, ein Vorwurf, den viele Eltern zu hören bekommen, wenn sie ein Kind mit einer Behinderung erwarten oder bekommen – von Verwandten, Nachbarn, von den Beratern und Ärzten.

Die Parallele zur Eugenik, zur Selektion von Menschen nach bestimmten „Qualitäts"-Kriterien, nach menschenverachtenden Kosten-Nutzen-Rechnungen, nach Lebenstauglichkeit und Lebenswertigkeit, ist klar ersichtlich. Doch bei allen Themen, die vermeintliche, hart erkämpfte „Frauenrechte" berühren, vor allem bei der Abtreibung, werden Menschlichkeit, Logik und das Erinnern an dunkle Zeiten des 20. Jahrhunderts schlicht ausgeblendet.

Hinzu kommt das Phänomen der extremen Tabuisierung und Verdrängung, das bei uns mittlerweile kaum zu überblickende

Ausmaße angenommen hat. 8 Millionen abgetriebene Kinder bedeuten gleichzeitig 16 Millionen Eltern von abgetriebenen Kindern, dazu kommen die Großeltern, Geschwisterkinder, Kinder, die ihre Abtreibung überlebt haben, außerdem Geschwister und weitere Angehörige der Eltern, Freunde, medizinisches Personal – insgesamt hat in Deutschland mindestens jeder zweite schon einmal näher mit einer Abtreibung zu tun gehabt. Die meisten Menschen wissen, dass es sich um ein Unrecht, um die Tötung eines Menschen handelt. Die nachfolgende Verdrängung und Tabuisierung sind normale menschliche Reaktionen auf solch furchtbare Erlebnisse. Und die Menschen erleben, dass durch die Tötung eines Kindes die eigentlichen Probleme nicht gelöst werden, was die Sinnlosigkeit und das Unrecht dieser Tötung noch deutlicher macht.

Ein weiterer Bereich, der in diesem Buch nicht behandelt wird, sind die (unfreiwilligen) Geschäfte, die Psychotherapeuten, Psychologen und Ärzte mit Menschen machen, die unter dem Post-Abortion-Syndrom (PAS) leiden. Da diese Erscheinung in Deutschland immer noch sehr unter Verschluss gehalten wird, gibt es unzählig viele Menschen, die an Früh- und Spätfolgen einer Abtreibung leiden, die Ursache aber selbst nicht erkennen und deshalb professionelle Hilfe suchen. Diese Fachleute können ihnen aber oft nicht helfen, weil die wahre Ursache auch von Fachleuten nicht erkannt wird, meistens wird die Abtreibung überhaupt nicht angesprochen oder gar darüber nachgedacht, dass sie ursächlich für physische oder psychische Störungen verantwortlich sein könnte. Wenn nur die Hälfte aller von einer Abtreibung betroffenen Eltern der letzten 30 Jahre solche Probleme hat, sprechen wir hier von 8 Millionen Menschen. Abgesehen von dem damit verbundenen Leid ist mit Sicherheit auch erwägenswert, darüber nachzudenken, wie viele Kosten unserem maroden System erspart bleiben könnten, wenn man die Symptomatik des Post-Abortion-Syndrom in den regulären Krankheitskatalog mit aufnehmen und die entsprechenden, dadurch verursachten Leiden gleich richtig behandeln würde.

Es wird nach der Veröffentlichung dieses Buches einen Aufschrei geben. Aber es ist notwendig, dass dieses Buch geschrieben wird. Alle hier enthaltenen Fakten und Zahlen sind sorgfältig und nach bestem Wissen und Gewissen recherchiert worden und können auf Anfrage konkretisiert werden. Die Verbindungen und Machenschaften großer Konzerne, unethischer Forschung und menschenfeindlicher Ideologien müssen zusammengefasst veröffentlicht werden, um weitere Recherchen und Veröffentlichungen dieser Art möglich zu machen, und um Tatsachen offenzulegen, die so nirgendwo erscheinen.

Aus juristischen Gründen hat sich die Veröffentlichung etwas verzögert: Experten haben geraten, zum Beispiel die Namen und Produkte von Pharmafirmen nicht ausdrücklich zu nennen, weil das Buch sonst durch kostspielige und langjährige Prozesse verhindert werden könnte. Dies sind übliche Methoden, um die Verbreitung von Wahrheiten zu verhindern. Um Ihnen Passagen mit Schwärzungen zur Unkenntlichmachung von Produkten und Firmen wie ▬▬▬ zu ersparen, haben wir diesen Rat befolgt.

Tabus, Behinderungen und Verdrängungen waren auch bei den Recherchen zu diesem Buch permanent vorhanden. Anfragen der Autorin an Pharmafirmen, Institutionen, die Geld mit getöteten Kindern verdienen, oder selbst an kommunale Einrichtungen, die sich um die Müllverbrennung kümmern, wurden grundsätzlich gar nicht oder ausweichend beantwortet. Gerade deshalb möchte ich allen Menschen danken, die sich nicht totgestellt, sondern mich mit wertvollen Hinweisen, Hintergründen, Literatur und vielfältigen anderen Hilfen unterstützt haben. Besonders danke ich für einen überzeugenden Verweis auf Zivilcourage zur rechten Zeit.

Die Themen dieses Buches sind letztendlich Ausdruck eines Kulturkampfes, der weltweit tobt und der weit mehr umfasst als das Recht auf Leben: Es geht um die Auseinandersetzung zwischen einer „Kultur des Lebens" und einer „Kultur des Todes", um neue Formen des Kolonialismus sowie der persönlichen Unfreiheit und Versklavung von Frauen durch skrupellose Geschäftemacher, die sich als „Menschenfreunde" tarnen. Die hier zusammengestellten Recherchen möchten dazu beitragen, solche Zusammenhänge zu erkennen, Strategien zu durchschauen und dagegenzuhalten.

Manchmal ist es schwergefallen, weiterzuschreiben, oft sträubte sich die Feder. Es ist kein angenehmes Buch. Aber wenn Sie, die Leser, nach der Lektüre dabei helfen, auch nur ein einziges Kind zu retten oder nur einen der Missstände zu beheben, hat sich das Schreiben gelohnt.

Bei allen gegenwärtigen und zukünftigen Überlegungen, die die Würde des Menschen und die Willkürlichkeit von Definitionen und dem Umgang mit dem Menschen betreffen, muss man sich über eines im klaren sein:

Es gibt keine eingeschränkte, teilweise oder gelegentlich anzuwendende Menschenwürde – Menschenwürde ist entweder absolut, oder sie ist obsolet.

„Lasst nie Fakten
einer guten Story in die Quere kommen.“

Oscar Wilde

SPÄTVERHÜTUNG ODER FRÜHABTREIBUNG? – PHARMAKOLOGISCHE METHODEN DER ABTREIBUNG

Die Definition des Begriffes Abtreibung ist eindeutig: es ist der Abbruch, also die unwiderrufliche Beendigung einer Schwangerschaft. In Deutschland hat man die früheren, euphemistischen Beschreibungen wie „Schwangerschaftsunterbrechung" inzwischen fast überwunden, während der Ausdruck in anderen Sprachen, zum Beispiel den romanischen, beibehalten wird – dort heißt es immer noch „freiwillige Unterbrechung der Schwangerschaft". Was eine Schwangerschaft ist, wird unterschiedlich definiert, je nachdem, welche Absicht verfolgt wird. Sowohl im § 218 als auch in den einschlägigen Schriftstücken von „Pro Familia" und der Bundeszentrale für gesundheitliche Aufklärung (BZgA) beginnt eine Schwangerschaft mit dem Zeitpunkt der Einnistung (Nidation) des Kindes in die Gebärmutter. Wissenschaftlich belegt und unbestritten ist jedoch die Tatsache, dass mit dem Moment der Verschmelzung von Ei und Samenzelle ein neuer Mensch entstanden ist, der sich dann auf den Weg durch den Eileiter in die Gebärmutter macht, um sich dort einzunisten. Diese unterschiedliche Definition ist für die Frage, ob es sich bei einem Präparat um ein Abtreibungs- oder Verhütungsmittel handelt, sehr wichtig. Bei der folgenden Darstellung der gängigen Abtreibungsmethoden gehen wir nicht von der ideologischen, sondern von der wissenschaftlich belegten Definition aus.

Die meisten Pillen haben mindestens zwei Wirkungsweisen, was die moralische Unterscheidung zwischen Verhütungs- und Abtreibungsmethode für die Nutzerin erschwert. Eine normale Verhütungspille verhindert in ihrer Hauptwirkung den Eisprung und lähmt die männlichen Samenzellen (verhütende Wirkung), hat aber auch Auswirkungen auf das Endometrium, die Gebärmutterschleimhaut, und kann damit die Einnistung eines Kindes verhindern, so dass das Kind mit der nächsten Periode mit ausgespült wird; außerdem kann sie auf die Transportbeweglichkeit der Eileiter einwirken, so dass das Kind ebenfalls nicht in der Gebärmutter ankommen kann (abtreibende Wirkung). Bei der Einnahme der Pille als Verhütungsmittel gilt es zu bedenken, dass der weibliche Körper dauerhaft und in völlig unnatürlicher Dosierung unter Hormone gesetzt wird. Neben einem vergrößerten Brustkrebsrisiko, das nach Absetzen der Pille laut Hersteller nach zehn Jahren wieder auf Normalmaß zurückgeht, hat die Pille Auswirkungen auf Körperfunktionen, Libido und Menstruation. Im Sinne der Frauenbewegung müsste man eigentlich gegen die Pille sein, vor allem auch, weil man mit der Pille immer und überall zur freien Verfügung der Männer steht. Dies ist ein Punkt, den sich westliche Wohlstandsfrauen nicht vorstellen können, der in anderen Ländern aber sehr wohl eine Rolle spielt. Denn wenn der Mann auf den Zyklus der Frau Rücksicht nehmen muss, um nicht ständig Kinder zu bekommen, bedeutet dies eine Form der Achtung und auch des Schutzes, die uns fremd geworden sind. Insofern ist die Propagierung der Pille als weiteres Indiz zu sehen für die ideologische Richtung „freier Sex immer und überall, ohne Konsequenzen befürchten zu müssen" – zum Schaden der Frauen in den Regionen der Welt, in denen echte Emanzipation unbekannt ist.

Nach einer zwischen 1985 und 2005 an der Universitätsklinik Heidelberg durchgeführten Langzeit-Studie ist natürliche Verhütung übrigens ebenso sicher wie die Einnahme der Pille. Nach Angaben der beteiligten Mediziner führt die korrekte und konsequente Anwendung der sogenannten symptothermalen Verhütungsmethode, die auf Temperaturmessungen und der Beobachtung des Zervixschleims basiert, dazu, dass pro Jahr nur eine von 250 Frauen unerwartet schwanger wird.

Natürliche Familienplanung bedeutet Verhütung ohne hormonelle und sonstige negative Folgewirkungen, ohne Brustkrebsrisiko, ohne die Gefahr einer Frühabtreibung, ohne Schaden für die Frau. Allerdings auch ohne Milliardengewinne für die Pharmaindustrie; es ist die Methode, die von der katholischen Kirche favorisiert wird; vom Prinzip „freier Sex für alle" muss man sich dafür abwenden zugunsten von (möglichst ehelicher) Treue, Vertrauen und Enthaltsamkeit (vor allem in bezug auf ständig wechselnde Sexualpartner). Gründe, warum solche Forschungsergebnisse und Erkenntnisse von bestimmten ideologisch orientierten Institutionen gerne unter den Teppich gekehrt werden.

Im ideologischen Sprachgebrauch verwendet man den Begriff „medikamentöser Schwangerschaftsabbruch". Ein Medikament aber ist per definitionem ein Heilmittel, wovon bei den folgenden Präparaten faktisch definitiv nicht die Rede sein kann. Für die Bewertung gehören Verhütung und Abtreibung eng zusammen, denn es gibt keine perfekte Verhütungsmethode. Nach einer „Pro Familia"-Untersuchung benutzten von jungen Frauen unter 18 Jahren, die unerwartet schwanger wurden, 34 % ein Kondom und 26 % die Pille (aus: Pro Familia-Magazin, 02/2006, S. 25). Eine vergleichende Angabe der Bundeszentrale für gesundheitliche Aufklärung (BZgA) gibt für die Gruppe „koituserfahrene 14- bis 17-jährige Frauen" bei 23 % der Betroffenen die Nutzung von Kondomen an, bei 55 % die Nutzung der Pille. Da die Versagerquote der Verhütungsmittel also hoch ist, muss die Abtreibung nach Auffassung einiger Organisationen als Sicherung immer ebenso legal zur Verfügung stehen wie alle Verhütungsmethoden.

Erstaunlicherweise fragt keine dieser Studien danach, wie es eigentlich dazu kommen kann, dass Mädchen im Alter von 14 bis 17 Jahren bereits über offenbar größere „Koituserfahrungen" verfügen. Auch könnten diese Verbände sich fragen, warum die Zahl der Teenager-Schwangerschaften und die Zahl der Sexualpartner unter Jugendlichen in immer früherem Alter stetig steigen. Da dies aber nicht gefragt geschweige denn in Frage gestellt wird, könnte man daraus den Schluss ziehen, dass genau diese Entwicklung beabsichtigt ist.

Der Bundesverband von „Pro Familia", der unter anderem für die Streichung des Abtreibungsparagraphen 218 eintritt, erhielt auch für die in diesem Buch beschriebenen Tätigkeiten im Jahr 2007 von der BZgA 243.000 Euro, vom Familienministerium (BMFSFJ) 738.781,50 Euro als Zuschuss, plus einer projektbezogenen Summe für „Einzelmaßnahmen auf dem Gebiet der sexuellen und reproduktiven Gesundheit und Rechte", die weitere 25.500 Euro ausmacht, alles aus Steuergeldern. Gefördert wird der Verband auch vom Bundesamt für Zivildienst (2.747,25 Euro) sowie aus dem Topf der „Glücksspirale" (1.500 Euro). Der Verband hat keinerlei finanzielle Schwierigkeiten und kann sich für Personalkosten der Bundesgeschäftsstelle einen Etat von über 525.000 Euro leisten, weiterhin ca. 46.000 Euro an Sitzungs- und Reisekosten und z.B. 178.983,24 Euro an Fort- und Weiterbildungskosten (alle Zahlen aus dem Pro Familia Jahresbericht 2007). Manch ein Lebensrechtsverband wäre froh und dankbar für einen Bruchteil solcher Zuschüsse und Möglichkeiten. Keiner dieser Verbände erhält irgendeine finanzielle Unterstützung vom Familienministerium oder von der BZgA. Auch einzelne Anträge auf kleine Zuschüsse für Weiterbildungen werden, so die Erfahrung der Autorin, generell abgelehnt, mal mit der Begründung der Nicht-Zuständigkeit, mal mit der Begründung der Erschöpfung der finanziellen Möglichkeiten.

Gängige Verhütungs- und Abtreibungsmittel

Die „Pille danach"

Seit 2002 gibt es in Deutschland einen ideologischen Kampf um die sogenannte Pille danach, wobei „Pro Familia" sich klar für dieses Präparat ausspricht: „Die Gremien der pro familia entschieden im Jahr 2002 sich für die rezeptfreie Abgabe der ‚Pille danach' einzusetzen und eine Kampagne zur ‚Pille danach' zu starten. (...) Nach Auffassung der Weltgesundheitsorganisation (WHO) und der International Planned Parenthood Federation (IPPF) ist die Versorgung zur Postkoitalverhütung eine wichtige Public Health Aufgabe" (Jahresbericht Pro Familia, S. 13).

Propagiert wird die Pille danach als Notfall- oder Nachverhütung, und vehement wird bestritten, dass es sich hier um ein Mittel zur Frühabtreibung handelt – in der Apotheken-Umschau 12/08 wurde Dr. Ines Thonke von „Pro Familia" dazu befragt. Nach dem Hinweis der Zeitschrift könne dieses Hormon (Levonorgestrel) den Eisprung verzögern oder verhindern. Je früher die Pille danach eingenommen werde, desto wirksamer sei sie – am besten also in den ersten 12 bis 24 Stunden. „Weitere Wirkmechanismen lassen sich nicht belegen", sagt Thonke. „Wichtig ist in jedem Fall: Auf die Einnistung oder auf eine bereits bestehende Schwangerschaft hat die Pille danach keinen Einfluss. Vergleiche mit einer ‚Abtreibungspille' sind deshalb völlig fehl am Platz", stellt die Ärztin klar" (S. 46–47). Die BZgA ist da vorsichtiger. Noch in der Broschüre zur Pille danach von Juli 2005 heißt es: „Wie das Medikament im Einzelnen wirkt, ist noch nicht genau bekannt. Mit großer Wahrscheinlichkeit hemmt es den bevorstehenden Eisprung. Dass dabei auch die Einnistung einer befruchteten Eizelle verhindert wird, ist nicht erwiesen." Dieselbe Broschüre mit Stand Juli 2008 gibt die Unterdrückung oder Verzögerung des Eisprungs als gesichert an, lässt aber den darauffolgenden einschränkenden Satz in bezug auf die Einnistung unverändert. Auf derselben Seite heißt es weiter: „Erwiesen ist, dass die ‚Pille danach' nicht wirkt, wenn sich die befruchtete Eizelle bereits eingenistet hat. Die ‚Pille danach' ist deshalb keine ‚Abbruchpille' (obwohl sie häufig mit ihr verwechselt wird). Ihre Anwendung bei einer bereits bestehenden Schwangerschaft führt nicht zum Abbruch der Schwangerschaft." Diese Aussage, dass die Pille danach keine „Abbruchpille" sei, liegt an der oben erläuterten unterschiedlichen Definition von Schwangerschaft, weshalb eine Diskussion hierüber überflüssig ist.

Der entscheidende Punkt für die Einordnung der Pille in Frühabtreibung oder Spätverhütung ist, welche Wirkung sie neben der Ovulationshemmung noch hat.

Die Weltgesundheitsorganisation WHO, an die sich „Pro Familia" hält, gibt an, dass der Wirkstoff Levonorgestrel keine wahrnehmbare Wirkung auf das Endometrium habe: „Es konnte gezeigt werden, dass die ‚Pille danach' (Levonorgestrel) den Eisprung verhindert. Eine (negative) Wirkung von Levonorgestrel auf die Gebärmutterschleimhaut (Endometrium) oder die Produktion von Progesteron (Gelbkörperhormon) konnte nicht nachgewiesen werden, wenn die ‚Pille danach' erst nach dem Eisprung genommen wurde. Die ‚Pille danach' ist unwirksam, sobald der Prozess der Einnistung begonnen hat. Die ‚Pille danach' führt zu keinem Schwangerschaftsabbruch" (offizielle Übersetzung des WHO fact sheet vom „Pro Familia"-Bundesverband, Frankfurt). Der Blick in ein normales medizinisches Lexikon genügt, um auf andere Ergebnisse zu kommen. Das Roche Lexikon Medizin definiert Levonorgestrel als „Gestagen mit relativ starker Potenz zur sekretorischen Umwandlung des Endometriums". Im selben Lexikon wird die Wirkung der Gestagene bei Verhütungsmitteln ausdrücklich definiert als „Beeinflussung von Endometrium und Tuben i. S. einer Verschlechterung von Eitransport und Nidationsbedingungen." Die interzeptive, also nidationsverhindernde Wirkung wird unter dem entsprechenden Stichwort („Interzeption") sowohl als Wirkung einer hohen Östrogen- als auch einer Gestagen-Gabe beschrieben. Auf medizinischen Internetseiten finden sich dieselben Angaben, so schreibt „Frauenärzte im Netz": „Ist es bereits zu einer Befruchtung gekommen, verhindert sie die Einnistung in die Gebärmutter." Von anderer Seite wird folgendes verbreitet: „Die Pille danach hemmt oder verzögert den Eisprung und hat keinen Einfluss auf die Einnistung des Eis, wenn es schon zur Befruchtung gekommen ist" (Österreichische Gesellschaft für Familienplanung, Wien).

Die Packungsbeilage von einer der in Deutschland verwendeten Pillen danach schreibt dazu: „Möglicherweise wird auch die Befruchtung und die Einnistung der bereits befruchteten Eizelle beeinflusst." Und: „Wenn Sie trotz der Anwendung (...) schwanger werden, besteht die Möglichkeit, dass sich die Schwangerschaft auch außerhalb der Gebärmutter z. B. in der Bauchhöhle oder in einem Eileiter (ektope Schwangerschaft) entwickelt." Wenn bereits die unten beschriebene Minipille mit der geringen Dosierung von täglich 0,03 mg aufgrund der Wirkung auf die Beweglichkeit der Tuben Eileiterschwangerschaften verursachen kann, dürfte diese Gefahr bei einer einmaligen, für die Pille danach gängigen Dosis von 1,5 mg, also der 50fachen Menge, mit Sicherheit ebenfalls und in weit höherem Maße bestehen. Aufgrund dieser Hormonbombe gibt es bei der Einnahme von solchen Pillen sehr häufige (d. h. in mehr als 1 von 10 Fällen) und teilweise schwere Nebenwirkungen: Übelkeit, Schmerzen im Unterbauch, Kopfschmerzen, Müdigkeit und Schwindelgefühl, außerdem Spannungsgefühl in der Brust, Schmier- und unregelmäßige Blutungen. Häufig kommen Erbrechen und Durchfall hinzu. Die beste Wirkung entfaltet das Präparat, wenn es innerhalb der ersten 24 Stunden nach dem Geschlechtsverkehr eingenommen wird – bis zu 95 von 100 Schwangerschaften werden damit laut Packungsbeilage verhindert –, aber nur noch 58 von 100 Schwangerschaften bei Einnahme zwischen 48 und 72 Stunden danach.

Es gibt eine neue Broschüre von „Pro Familia" mit dem Titel „Auf Nummer sicher mit der Pille danach", die sich vor allem an Jugendliche richtet und im Jahresbericht 2007 (S. 27) folgendermaßen vorgestellt wird: Sie will das immer noch vorhandene Wissensdefizit über die Pille danach abbauen und die Pille danach als eine legitime, ungefährliche Lösung etablieren, „wenn die Verhütung, aus welchem Grund auch immer, nicht geklappt hat." Und im selben Text heißt es: „Eine wichtige Botschaft, die der immer noch vorhandenen Dramatisierung der Pille danach als ‚Hormonbombe' entgegen arbeiten möchte, ist der Hinweis auf einen möglichen ‚Notvorrat' der Pille danach, um in Krisensituationen nicht dem Besorgungsstress innerhalb von 72 Stunden ausgesetzt zu sein". Mit solchen Broschüren möchte „Pro Familia" nach eigener Aussage neben der Aufklärung auch eine stärkere Bindung der Jugendlichen an den Verband als Institution erreichen.

Ganz offen sagt es dagegen die „frühere deutsche Leit-Emanze" Alice Schwarzer, die in ihrem Buch „Die Antwort" beklagt: „der schonendsten Abtreibungsmethode, der Pille danach, werden schon wieder Steine in den Weg gelegt;"

Insgesamt ist festzustellen, dass von verschiedenen Seiten eine offensichtliche Verharmlosungspolitik betrieben wird, um die Pille danach als normales Verhütungsmittel durchzusetzen. Wie gesagt: Wenn man den Begriff „Schwangerschaft" erst ab dem Zeitpunkt der Einnistung definiert, ist eine solche Politik stringent.

In Deutschland wird derweil weiter gestritten, auch um die Rezeptpflicht, die in der Schweiz vollständig aufgehoben wurde. Mit angenehmen Folgen für die Hersteller: 2001, als die Rezeptpflicht noch bestand, wurden in der Schweiz 24.000 Packungen der Pille danach verkauft, 2005 ohne Rezeptpflicht waren es 850.000. Bei einem Preis von etwa 17 Euro pro Packung eine Umsatzsteigerung für die Hersteller von 400.000 Euro auf 14,45 Millionen Euro – in einem Jahr.

Eine Studie, die über Jahre im US-Bundesstaat Utah durchgeführt wurde, hatte mit dem Ziel, die Abtreibungsrate zu senken, den Verbrauch der Pille danach von 11.263 Packungen jährlich auf 52.083 Packungen erhöht. Diese Erhöhung um satte 213 % brachte dem Hersteller, bei einem durchschnittlichen Preis von etwa 20 Dollar pro Packung, zusätzliche Verkaufseinnahmen von über 815.000 Dollar in jedem Jahr der Studie. Mit dieser enormen Steigerungsrate wurde eine um 2,94 % verringerte Geburtenrate, eine um 0,73 % verringerte Fruchtbarkeitsrate und eine um 6,36 % verringerte Abtreibungsrate erreicht – offiziell, denn inoffiziell wird die Pille danach dieselbe Wirkung gehabt haben wie immer, so dass, selbst wenn nur jede zehnte Anwendung der Pille eine Frühabtreibung bewirkt hat, in diesen sechs Jahren der Studie möglicherweise mehr als 300.000 Kinder unmittelbar nach ihrer Zeugung wieder getötet wurden.

Die kombinierte Pille

Bei der sogenannten kombinierten Pille handelt es sich um eine Zusammensetzung aus einem Gestagen, wie oben beschrieben, und einem Östrogen. Die Pille täuscht dem weiblichen Körper eine Schwangerschaft vor. Es gibt dieses Präparat als Ein-, Zwei- und Dreiphasenpillen, wobei jeweils zu Beginn der monatlichen Einnahme der Östrogenanteil, später immer mehr der Gestagenanteil der Pille höher ist. Bei „Pro Familia" wird auf die Wirkung der kombinierten Pille bezüglich des Endometriums und die Beweglichkeit der Eileiter verwiesen: „die Beweglichkeit der Eileiter, die für den Ei- und Samentransport von Bedeutung sind, wird eingeschränkt. Der Aufbau der Gebärmutterschleimhaut wird gestört, so dass sich dort kein befruchtetes Ei einnisten kann." Die Eileiterbeweglichkeit ist also nicht nur für die männlichen Samen wichtig, sondern auch für das hier so genannte „Ei", also für das Kind, das als Embryo durch den Eileiter in die Gebärmutter gelangen möchte.

Packungsbeilagen der kombinierten Pillen schweigen sich zur tatsächlichen Wirkungsweise des Präparates vollständig aus.

Die sogenannte Mikropille ist eine einphasige Weiterentwicklung der kombinierten Pille, die deutlich weniger Östrogen enthält.

„Anti-Baby"-Pillen kosten im Durchschnitt etwa 15 Euro monatlich, in Deutschland gibt es um die 6,6 Millionen regelmäßige Nutzerinnen (inklusive Mikro- und Minipille), ein satter Umsatz für die Hersteller: Monat für Monat fast 100 Millionen Euro, jährlich über 1,2 Milliarden Euro. Dass von diesen Herstellern keiner Interesse an der Förderung einer pillenlosen Form der Verhütung hat, ist aus deren Sicht nachvollziehbar.

Angesichts der interzeptiven Wirkungsweise der Gestagene müssten als Verhütungsmethoden deklarierte Anwendungen wie Dreimonats-Spritze, Hormonimplantat (eines wurde in den 1960er Jahren vom Population Council entwickelt) und Hormonspirale, die alle mit Levonorgestrel oder anderen Gestagenen wirken, differenzierter als Nidationshemmer bewertet werden. Nidationshemmung bedeutet im Klartext die Tötung eines gerade entstandenen Kindes auf seinem Weg in die Gebärmutter.

Die Minipille

Im Gegensatz zur kombinierten Pille besteht die in Deutschland erhältliche Minipille nur aus einem Wirkstoff, nämlich dem Gestagen Levonorgestrel in sehr niedriger Dosierung (0,03 mg pro Tablette). Laut medizinischem Lexikon dient die Gestagen-Pille nicht der Ovulationshemmung, sondern vor allem der Veränderung des Zervix-Schleimes, um die Durchlässigkeit für männliche Samenzellen zu erschweren, was, wie bereits beschrieben, aber natürlich auch Auswirkungen auf den Transport des Embryos in die Gebärmutter hat. Des weiteren haben Gestagene die Wirkung, die bei der Pille danach (siehe oben) beschrieben sind. Ein Beleg für eine Wirkung vor allem im Eileiter ergibt sich aus der ausdrücklichen Betonung der Gefahr von Eileiterschwangerschaften bei der Anwendung der Minipille, die in einer Packungsbeilage folgendermaßen beschrieben wird: „Wenn in Ausnahmefällen eine Frau während der Einnahme der Minipille schwanger wird, besteht eine höhere Wahrscheinlichkeit des Auftretens von Eileiterschwangerschaften bei Anwenderinnen der Minipille als bei Anwenderinnen der kombinierten Pille." Diese erhöhte Gefahr kann nur bestehen, wenn die Beweglichkeit durch die Eileiter und damit der Transport des Kindes in die Gebärmutter tatsächlich durch dieses Gestagen in dieser Dosierung gehemmt wird.

Die RU 486 (Mifepriston)

Im Gegensatz zur Pille danach behauptet bei dem Wirkstoff Mifepriston niemand, dass es sich um ein Verhütungsmittel handelt. Die Wirkungsweise dieses Präparates ist eine ganz andere. Mifepriston ist ein Anti-Progesteron (chemische Bezeichnung: 11ß-19-Norsteroid), das im Jahr 1980 von Dr. Etienne-Emile Baulieu und Edouard Sakiz entdeckt und 1988 zum ersten Mal in Frankreich zugelassen wurde. Das Schwangerschaftshormon Progesteron ist für die Entwicklung der Schwangerschaft und des Kindes unabdingbar: es bereitet die Gebärmutter auf die Aufnahme und Versorgung des Kindes vor, senkt die Kontraktilität der Gebärmutter (verhindert also Krämpfe, die das Kind gefährden könnten). Es festigt den Gebärmutterhals und ist für den mütterlichen Körper das dauerhafte Signal, das Kind zu versorgen. Mifepriston blockiert die Aufnahme des Progesterons durch die sogenannten Rezeptoren, die Zellen in der Gebärmutter, so dass das Hormon seine Wirkung in den Zellen nicht mehr entfalten kann, weil es von ihnen nicht mehr aufgenommen wird. Die Folge ist, dass die Versorgung des Kindes in der Gebärmutter eingestellt wird. Das Kind verhungert, verdurstet und erstickt qualvoll über einen Zeitraum von mehreren

Tagen. Da Mifepriston außerdem Gebärmutterkrämpfe fördert und den Gebärmutterhals öffnet und erweicht, kann außer der Tötung des Kindes auch gleich die Ausstoßung erfolgen. So war es zu Beginn der Entwicklung vorgesehen. Anfang der 1980er Jahre stellte sich nach Studien jedoch heraus, dass die alleinige Verabreichung der RU 486 eine relativ hohe Versagerquote hatte. Man experimentierte mit verschiedenen Dosen (200 bis 800 mg). Die erfolgreichste Dosis war den Studien zufolge die Gabe von 600 mg. Doch auch mit dieser Dosis kam man auf eine Erfolgsquote von lediglich 85,4 % (Wissenschaftliches Begleitbuch eines französischen Herstellers). Daher begann man zunächst in Schweden mit der Kombination von RU 486 und einem Prostaglandin, so dass man inzwischen eine „Erfolgsrate" von durchschnittlich 95 % erreicht. In den Fällen, wo das tote Kind nicht komplett mit sämtlichem Anhangsgewebe ausgestoßen wurde, folgt in der Regel eine nachträgliche Ausschabung der Gebärmutter.

Die klinische Erprobungsphase von Mifepriston war mit 17 Monaten Tierversuchen vergleichsweise kurz, bevor das Präparat an Frauen ausprobiert wurde. Bei diesen ersten Versuchen dauerte der Sterbeprozess des Kindes bis zu 9 Tagen, außerdem ergaben sich teilweise schwere gesundheitliche Probleme bei den Müttern. Die Zulassung der RU 486 war in einigen Staaten von Protesten begleitet, so dass das Präparat zum Beispiel in Frankreich und Deutschland zeitweise wieder vom Markt genommen wurde. Der Grund liegt darin, dass es sich hier zum ersten Mal um ein pharmakologisches Präparat handelt, das allein und ausschließlich für die Tötung eines Menschen erforscht, finanziert und hergestellt wird. Hinzu kamen schwere Nebenwirkungen bis hin zu einigen Todesfällen (z. B. Nadine Walkowiak 1991, Manon Jones 2005), außerdem erhebliche Kontraindikationen, was die Einnahme angeht. Frauen mit Nebennieren-

Problemen und Lebererkrankung, Blutarmut, Anzeichen von Unterernährung oder Asthma bronchiale, Frauen über 35 und starken Raucherinnen wird empfohlen, Mifepriston nicht anzuwenden. Außerdem war die Anwendung nur bis zum 49. Tag der Schwangerschaft vorgesehen, gerechnet vom Zeitpunkt der letzten Periode an, was zusätzliche Probleme schaffte. Mit dieser engen zeitlichen Begrenzung nämlich ergibt sich eine äußerst kurze Bedenkzeit für die Frauen zwischen dem Zeitpunkt der Entdeckung ihrer Schwangerschaft und dem vorzunehmenden Abbruch. Eine kürzlich durchgeführte Studie am Universitätskrankenhaus von Marseille ergab, dass 55 % der Frauen, die mit Mifepriston abgetrieben hatten, nicht viel mehr als 48 Stunden Zeit hatten, ihre Entscheidung zu bedenken. In der Situation einer gerade klargewordenen Schwangerschaft, wo die Hormone ohnehin verrücktspielen und man eigentlich an andere Dinge zu denken hätte, soll man also zusätzlich innerhalb von 48 Stunden über die Tötung des eigenen Kindes befinden.

Weiterhin benötigt eine schwangere Frau für die Abtreibung mit der RU 486 mindestens vier Termine beim Arzt: beim ersten Termin wird der Abbruch und die Wirkung der RU 486 in Verbindung mit Prostaglandinen geklärt. Beim zweiten Besuch nimmt die Mutter drei Tabletten der RU 486 ein (600 mg) und bleibt ein paar Stunden dort. Denn es kommt vor, dass der mütterliche Körper die Gefahr erkennt und mit Erbrechen reagiert, um die Progesteron-Blockierung zu verhindern; in diesen Fällen müssen chirurgische Abtreibungsmethoden angewandt werden. Ansonsten geht die Mutter nach Hause und wartet darauf, dass ihr Kind langsam zugrunde geht. Der nächste Termin (zwischen 36 und 48 Stunden nach Einnahme von Mifepriston) dient der Verabreichung von Prostaglandinen (bis zu 400 µg), die die Ausstoßung des „Empfängnis-Produktes" bewirken. Dies geschieht entweder in der Abtreibungseinrichtung oder zu Hause, in manchen Ländern (z. B. Schweden) können sich die Frauen dies inzwischen aussuchen (man nennt das „home abortion", „Hausabtreibung", analog zur Hausgeburt). Etwa zwei bis drei Wochen später muss eine Nachuntersuchung erfolgen, um festzustellen, ob die Abtreibung vollständig war – in etwa 1,3 bis 7,5 Prozent der Fälle (Angaben des Herstellers) muss noch eine Ausschabung erfolgen.

Selbst professionelle Abtreiber wie Friedrich Stapf, der praktisch sein komplettes bisheriges Berufsleben mit der Tötung von Kindern vor der Geburt verbracht hat, verweisen auf die erhebliche psychische Belastung der Frauen während der gesamten Prozedur: „dann geht sie nach Hause, wo sie zwei Tage mit sich allein ist … das ist eine üble Zeit, in der viele anrufen und fragen, ob man das rückgängig machen kann" (Interview Rheinische Post, 23. Oktober 1998). Auch die körperlichen Belastungen sind hoch: starke Blutungen, starke Krämpfe, Hitzewellen, schwere Übelkeit mit Erbrechen, teilweise Herz-Kreislauf-Versagen. Angesichts der Tatsache, dass die Hormondosis der RU 486 ca. 8.000- bis 10.000mal höher ist als bei der Pille, kann dies nicht verwundern.

Mittlerweile sind die Rechte an Mifepriston mehrfach in andere Hände übergegangen. 1994 gingen sie an den amerikanischen „Population Council", eine Organisation mit einem Jahresbudget von ca. 50 Mio. US-Dollar. Dr. Beverly Winikoff vom Population Council berichtete, dass Abtreibungen mit Mifepriston nach Aussage der Frauen „natürlicher" seien und ihnen „die Kontrolle geben" (New York Times, 28. Juli 1996). Die Organisation hatte laut diesem Zeitungsbericht Studien mit Frauen bis zur 10. Schwangerschaftswoche durchgeführt, die Zulassung für das Präparat aber bis zur 7. Woche beantragt. 1997 schließlich gingen die Rechte an den Mit-Erfinder Edouard Sakiz. In Deutschland fand sich zunächst keine Firma mehr, die das Präparat vertreiben wollte, zuletzt aus finanziellen Gründen (im Jahr 2000 hatte zwar eine Firma den Vertrieb übernommen, aber lediglich 600 bis 700 Packungen monatlich verkauft), bis danach eine Firma ausschließlich zu diesem Zweck gegründet wurde. Außerdem wurden die ärztlichen Honorare als Anreiz zur Anwendung dieser „schonenden Abtreibungsmethode" erhöht. Die Firma verdient mit der RU 486 in Deutschland (bei ca. 15.000 verkauften Packungen) jährlich mehr als 1,1 Millionen Euro. In der Schweiz gab es nach Berichten 1993 eine Tagung, auf der zur Bewerbung des Präparates vorgerechnet wurde, dass die Krankenkassen bei 50.000 Anwendungen der RU 486 jährlich einen Betrag von 37,5 Millionen Franken einsparen könnten (Berechnungen eines Vertrauensarztes des Konkordates der Schweizerischen Krankenkassen).

Neuerdings wird die Verwendung der RU 486 auch in Programme der „reproduktiven Gesundheit" integriert, wie im Juli 2007 in der Slowakei. Dieses Programm beinhaltet die staatliche Finanzierung von Abtreibungen; das slowakische Gesundheitsministerium stellte dafür insgesamt 4 Millionen Euro zur Verfügung. In einer skandinavischen Universitätsklinik wurden im Jahr 2006 97,3 % aller Abtreibungen bis zur 9. Woche und 54,5 % zwischen der 9. und 12. Woche mit der RU 486 und/oder einem Prostaglandin durchgeführt. Hochgerechnet auf etwa 90 % aller norwegischen Abtreibungen (ca. 15.000 im Jahr 2007) erzielt der Hersteller allein in diesem Staat pro Jahr ebenfalls etwa 1 Million Euro Umsatz mit dem Verkauf der Abtreibungspille.

In einer Packungsbeilage aus dem Jahr 2001 wird nachdrücklich der 49. Tag als letzter möglicher Anwendungstag der RU 486 genannt. Seit dem 1. Juli 2008 wurde diese Frist auf den 63. Tag der Schwangerschaft ausgeweitet. Schon seit 2004 wird in Schweden das „home abortion"-Modell bis zum 63. Tag praktiziert. Die Frauen erhalten zunächst 200 mg Mifepriston und bekommen 800 µg eines Prostaglandins mit nach Hause, um es sich selbst nach und nach zu verabreichen und die Ausstoßung ihres vorher in ihrem Körper langsam gestorbenen Kindes selbst zu veranlassen. Damit geht die Zuständigkeit von den Abtreibern auf die Mütter über – sie schlucken die Tötungspille selbst und tragen damit die alleinige Verantwortung für die Tötung ihres Kindes, eine weitere Belastung für sie zugunsten derjenigen, die an dieser Form der Abtreibung Geld verdienen.

Eine Packung der RU 486 kostet in Indien 193,99 Dollar, in Zentralasien 208,99 Dollar, in den USA etwa 270 Dollar. Nach Firmen-Aussage haben in den USA über eine Million Frauen damit abgetrieben, dies ergäbe einen Umsatz von bisher 2,7 Milliarden Dollar in den USA.

Auf der Internetseite „womenonweb.org" wird die Abtreibungspille an Privatleute verkauft – ausschließlich in Staaten, in denen die Abtreibung verboten ist, auf der Internetseite heißt es, wo es keine „safe abortion services" gibt. Aufgeführt sind Staaten von Bolivien über Kuwait und Kiribati bis zu Togo oder Thailand. Nach Ausfüllen eines Fragebogens kann man das Präparat gegen eine freiwillige Spende von 70 Euro bestellen und zu Hause abtreiben. Das ganze wird als Hilfe für arme Frauen ohne Zugang zu sicherer und legaler Abtreibung „verkauft". Sie geben an, dass das Risiko von Komplikationen sehr gering sei, und sie bringen Fotos von gutgelaunten Frauen, die es alle schon getan haben.

Die Initiatoren der Internetseite geben jedoch auf mündliche Anfrage, wie beim FIAPAC-Kongress in Berlin im Oktober

2008, zu, dass es logistisch schwierig ist, für die rechtzeitige Lieferung zu sorgen, zum Beispiel in afrikanische Staaten. Aber sie sorgen sich nicht um die Frauen, bei denen die Abtreibung nicht vollständig gelungen ist (unter bestmöglichen Umständen etwa 5 %, unter schwierigeren Bedingungen und/oder bei nicht-professioneller Anwendung deutlich mehr) und die eine chirurgische und medizinische Nachbehandlung benötigen: Wo bekommen sie diese Behandlung in Staaten, in denen Abtreibung verboten ist, ohne sich Schwierigkeiten einzuhandeln? Wie lange brauchen sie, um überhaupt eine Einrichtung oder einen Arzt zu erreichen, wo dies medizinisch möglich ist? Zwar sollen die Frauen vorher angeben, dass sie innerhalb einer Stunde in einem Krankenhaus oder einer ähnlichen Einrichtung sein können, aber wer kann das kontrollieren? Wenn man angeblich über 70.000 bei verpfuschten Abtreibungen gestorbene Frauen weltweit beklagt, erscheint diese Methode der Abhilfe nicht wirklich hilfreich. Und wenn ein Kind den Abtreibungsversuch mit der Abtreibungspille überlebt, gibt es ein hohes Risiko, mit Missbildungen geboren zu werden, worauf auch der Hersteller hinweist, ein weiterer Aspekt, der den Vertriebsexperten auf ihrer Internetseite keine Bemerkung wert ist.

Prostaglandine

In medizinischen Verzeichnissen und Packungsbeilagen werden Prostaglandine als Präparate geführt, die unter anderem bei Herz- und Gefäßerkrankungen eingesetzt werden, sie dienen „zur Vorbeugung und Behandlung von medikamentenbedingten Magenschleimhautschädigungen" und „zur akuten Behandlung von Zwölffingerdarm- und Magengeschwüren". Gegenanzeigen liegen zum Beispiel vor, wenn eine Frau schwanger ist oder plant, schwanger zu werden. Die höchsten Verkaufszahlen erreicht ein Prostaglandin im Einsatz bei Abtreibungen – hierzu gibt es keinerlei Hinweise beim Hersteller oder in der Packungsbeilage, ebensowenig wie bezüglich der Verwendung bei der Geburtseinleitung: Prostaglandine dehnen den Gebärmutterhals und machen ihn weich, sie lösen Wehen aus und sorgen dafür, dass das Endometrium abstirbt (ischämische Nekrose). Mit diesen Wirkungsweisen sind sie hervorragend für Abtreibungen geeignet. In Verbindung mit Mifepriston werden Prostaglandine in vielen Staaten standardmäßig eingesetzt (in den bei der RU 486 beschriebenen Mengen), in anderen Staaten auch ohne Kombination mit Mifepriston, vor allem in südamerikanischen Staaten, in denen Abtreibung teilweise noch verboten ist. Der Vorteil bei einem Prostaglandin ist zum einen die leichtere Verfügbarkeit, weil es sich nicht um ein offiziell so bezeichnetes Abtreibungsmittel handelt und es damit in den Apotheken und im Internet problemloser erhältlich ist, zum anderen der sehr niedrige Preis (eine Tablette kostet ca. 30 Cent, Packungen mit 100 Stück um die 29 Euro). Ein Prostaglandin wird hauptsächlich in Tablettenform verabreicht, es gibt aber auch vaginale Prostaglandine, die jedoch mit einem Preis von 26 Euro für eine Gel-Packung erheblich teurer sind. Dementsprechend werden in Fachzeitschriften wie „Frauenarzt" vergleichende Berechnungen angestellt, die empfehlen, von vaginalen auf tablettenförmige Prostaglandine umzustellen (Frauenarzt 44, 2003, Nr. 10). In Südamerika soll die häufige Verwendung von Prostaglandinen dazu geführt haben, dass die Zahlen der bei versuchter Abtreibung gestorbenen Frauen im Gegensatz zu afrikanischen Staaten, in denen dieses Präparat praktisch gar nicht verwendet wird, signifikant niedriger sind, nämlich lediglich 3.700 Todesfälle bei insgesamt 3,7 Millionen Abtreibungen verzeichnen (aber auch hier sind sich die Experten nicht einig: Christian Fiala nennt eine Erfolgsrate von lediglich 60–80 % bei alleiniger Anwendung von Prostaglandinen; außerdem gibt es Berichte von missgebildeten Kindern nach misslungenen Abtreibungen mit diesem Präparat).

Diese Behauptung in bezug auf Südamerika impliziert aber immerhin, dass der Großteil dieser Abtreibungen mit Prostaglandinen durchgeführt worden sein muss – wenn man nur von der Hälfte aller Abtreibungen ausgeht, ergäbe das für die Hersteller einen Umsatz von über 1 Million Euro für eine ursprünglich gar nicht vorgesehene Anwendung, unter der Annahme, dass bei jeder Abtreibung im Durchschnitt 400 µg (= 2 Tabletten) benötigt werden.

In Norwegen, wo Prostaglandine in Kombination mit der Abtreibungspille angewandt werden, fällt dagegen jährlich lediglich ein Umsatz von ca. 8.000–9.000 Euro an (bei angenommenen 13.500 auf diese Weise durchgeführten Abtreibungen). Der Vergleich legt nahe, dass die Hersteller großes Interesse an der Ausweitung ihrer geschäftlichen Aktivitäten in bevölkerungsreichen Staaten mit hoher Abtreibungsmotivation haben.

In Deutschland wurde die Zulassung eines Prostaglandines inzwischen zurückgezogen. Dem Hersteller fehlten aufgrund der völlig anderen als geplanten Verwendung Studien für die Wirkungsweise bei Abtreibungen, außerdem wollte die Firma nicht mit diesem Thema in Verbindung gebracht werden. Der Kommentar von Dr. Ines Thonke von „Pro Familia" dazu: „Aber es ist auch problematisch, wenn ein wichtiges und sicheres Medikament für Frauen aus wirtschaftlichen oder ethischen Motiven eines Unternehmens nicht zur Verfügung steht."

Seitdem greifen die deutschen Abtreiber unter anderem auf Importlizenzen anderer Firmen zurück oder suchen sich verfügbare Alternativen zwischen in Deutschland erhältlichen Prostaglandinen.

In Albanien verwendete man bisher vor allem eine 20 %-Lösung Natriumchlorid (NaCl) für Abtreibungen, mittlerweile geht man nach Studien, die die bessere Wirkung der Prostaglandine belegen, zur Verwendung solcher Mittel über.

Zur Vorbereitung auf chirurgische Abtreibungen wird ebenfalls Misoprostol eingesetzt (ein paar Stunden vor dem Eingriff), um die Zervix (den Gebärmutterhals) zu weiten und weich zu machen.

Der Trend: Impfen gegen Schwangerschaft

Die neuesten Veröffentlichungen zu diesem Thema zeigen, dass immer wieder die RU 486 mit der Pille danach gleichgesetzt wird, wie zum Beispiel in einem spanischen Artikel: „La mifepristona, conocida como píldora del día siguiente francesa (RU-486)" („Mifepriston, bekannt als französische Pille des nächsten Tages ...", El País, 3. Oktober 2007). Das ist kein Zufall: Auf dem FIAPAC-Kongress im Oktober 2008 stellte der Chinese Linan Cheng neue Methoden der „Notfallverhütung" vor: Eine Cu-IUD (intrauterine Kupferspirale), alternativ dazu pharmakologische Methoden wie Levonorgestrel (0,75 mg, 2 Dosen) und Mifepriston in einer Dosis von 25–50 mg, verglichen mit einer Version namens Yuzpe (Kombination von Ethinylestradiol + Levonorgestrel; diese Kombination wird bei einer in Deutschland erhältlichen Pille verwendet). Die Studie wurde an fast 44.000 Frauen in Shanghai durchgeführt und ergab, dass unter den pharmakologischen Methoden Mifepriston effektiver sein kann als Levonorgestrel. Bei der Entwicklung des Präparates war ohnehin zunächst auch eine Anwendung als Pille danach vorgesehen, was dann wegen der vielen Nebenwirkungen und Schwierigkeiten vorübergehend verworfen, inzwischen aber wieder aufgegriffen wurde. Andere Versuche wie seit den 1990er Jahren in Chile gehen dahin, Mifepriston als schonende regelmäßige Verhütungsmethode zu verwenden bei Frauen, die die normale Pille nicht vertragen (in einer Dosis von 2 mg täglich). Laut Studien verhindert Mifepriston als Verhütungspille sowohl den Eisprung als auch die Nidation – und ist damit wiederum auch ein Nidationshemmer, der Embryonen tötet. Nichtsdestoweniger soll dieser Wirkstoff immer mehr auch als Verhütungsmittel eingesetzt werden, ebenso wie Misoprostol; zu diesem Zweck gibt es eigene Kongresse wie im Herbst 2007 in Valencia.

Seit 1972 versucht sich die Weltgesundheitsorganisation WHO unter Zusammenarbeit mit der Rockefeller-Stiftung an der Herstellung einer Anti-Schwangerschaftsimpfung, womit die Schwangerschaft endgültig unter die Rubrik „zu bekämpfende Krankheit" fallen dürfte. Hierbei werden Teile des Schwangerschaftshormons hCG (humanes Choriongonadotropin) injiziert, damit Antikörper gebildet werden. Sollte die geimpfte Frau dann schwanger werden, würden diese Antikörper das hCG entfernen und in der Folge zu einer Fehlgeburt führen. Um keine eigene Impfung notwendig zu machen, die vielleicht auch auf Widerstand seitens der Bevölkerung stoßen könnte, sollen vor allem die WHO und der Population Council versuchen, diese Impfung an andere Impfungen zu koppeln, wie zum Beispiel Tetanus, Diphtherie oder Cholera. Es gibt seit Jahren Gerüchte, dass diese Impfung ohne Wissen der geimpften Frauen bereits mehrmals durchgeführt wurde. So gab es einen Impfstoff gegen Tetanus, der zu Beginn der 1990er Jahre großräumig in Nicaragua, Mexiko und auf den Philippinen verabreicht wurde und nach Angaben einer mexikanischen Lebensschutzorganisation hCG enthielt. 2007 verweigerten nach ähnlichen Berichten in einer Region der Türkei Frauen eine Impfung gegen Tetanus, weil sie frühabtreibende Substanzen darin vermuteten.

„Haben Sie eigentlich einmal darüber nachgedacht, was passiert wäre, wenn meine Mutter abgetrieben hätte? Dann hätte es mich gar nicht gegeben."

Willy Brandt

WEGWERFEN ODER VERWERTEN? – CHIRURGISCHE UND MECHANISCHE METHODEN DER ABTREIBUNG

Spirale und „Spirale danach"

Bei der Spirale gibt es zwei Versionen: eine arbeitet mit der permanenten Freisetzung von Hormonen, die andere ausschließlich auf mechanische Art und Weise.

Die hormonelle Spirale besteht aus Kunststoff und hat ein Hormondepot, von dem bis zu fünf Jahre lang regelmäßig eine geringe Dosis Levonorgestrel abgegeben wird. Laut BZgA hat sie dieselbe Wirkung wie eine normale Spirale und zusätzlich die Schutzwirkung einer Pille. Sie verhindert den Aufbau der Gebärmutterschleimhaut. Einer der Hersteller gibt auf seiner Internetseite an, dass lediglich die Beweglichkeit der Spermien behindert und der Schleimpfropf der Zervix verdickt, nicht aber der Eisprung verhindert wird: „Sie behalten Ihren natürlichen Zyklus bei." Wenn Levonorgestrel aber keine Auswirkungen auf den Eisprung hat, kann eine weitere Wirkung nur eine transport- und nidationshemmende sein, d. h. die Tötung eines Embryos vor der Einnistung.

Die mechanisch wirkende Spirale kann etwa fünf Jahre lang verwendet werden und gilt offiziell als reines Verhütungsmittel. Die Hauptwirkung dieses Produktes besteht laut Bundeszentrale für gesundheitliche Aufklärung (BZgA) darin, in der Gebärmutter einen Dauerreiz auszulösen, „wodurch die Einnistung einer befruchteten Eizelle verhindert wird." Für die BZgA, „Pro Familia" und den § 218 (seit der Neuregelung 1975) fällt sie damit unter Verhütungsmittel, für Pharmakologie, Logik und theologische Ethik unter Abtreibung.

Dieselbe Kupfer-Spirale wird auch als „Notfallverhütung" eingesetzt. Laut „Pro Familia" muss sie, um die Nidation zu verhindern, spätestens fünf Tage nach dem Geschlechtsverkehr eingelegt werden. So „beeinflusst" das Kupfer der Spirale „das Milieu in der Gebärmutter und in den Eileitern. Diese Veränderungen stören die Beweglichkeit der Spermien". Wenn man dieses Teil aber bis zu fünf Tagen nach dem Geschlechtsverkehr noch wirksam verwenden kann (nach dem Eisprung besteht ungefähr für 24 Stunden die Möglichkeit der Befruchtung; Spermien sind bis zu 48 Stunden, selten bis zu 5 Tagen, in der Lage zu warten, danach sterben sie ab), ist es eigentlich logisch, dass die Hauptwirkung eben nicht der Einfluss auf das Milieu in Gebärmutter und Eileiter ist, sondern die zweite, wiederum von der BZgA klar beschriebene Wirkung: „Bis zu fünf Tage nach einem ungeschützten Geschlechtsverkehr besteht die Möglichkeit, die Einnistung eines befruchteten Eis mit Hilfe der Spirale zu verhindern." Die „Sicherheit" der Wirkung wird mit etwa 99 % angegeben.

Das Einlegen einer Spirale kostet zwischen 130 und 180 Euro.

Die Curettage

Bei der Curettage, die vornehmlich bis zur 12. Schwangerschaftswoche angewandt wird, wird der Embryo in der

Gebärmutter zunächst mit einem chirurgischen Instrument zerstückelt und dann zusammen mit dem Anhangsgewebe mit einem löffelartigen Instrument (Curette) ausgeschabt. Vorher muss der Muttermund erweitert werden, es ist eine lokale oder Vollnarkose notwendig. Dieses Verfahren wird heute eher für Ausschabungen ohne Vorliegen einer Schwangerschaft verwendet, während für Abtreibungen mittlerweile häufiger die Saugcurettage angewandt wird. Die Weltgesundheitsorganisation empfiehlt, möglichst die Saugmethode statt der Curettage anzuwenden. Momentan werden in Deutschland nur noch zwischen 10 % und 15 % der Abtreibungen durch eine Curettage vorgenommen.

Die Saugcurettage

Durch die Zervix, den Gebärmutterhals, wird eine Kanüle eingeführt, durch die dann unter Erzeugung eines sehr hohen Unterdrucks das Kind zerrissen und gemeinsam mit dem Schwangerschaftsgewebe abgesaugt wird. Sollten beim nachträglichen Zusammensetzen der Kindes- und Gewebeteile Stücke fehlen, muss noch eine Curettage vorgenommen werden. Die Saugmethode entwickelte sich seit den 1930er Jahren, wurde in China zur Perfektion gebracht und danach zunächst in der Sowjetunion, in Israel und Schweden eingeführt.

Während bei den pharmakologischen Methoden oder der Curettage die Kinder nur noch entsorgt (sie sind bereits tot oder zerstückelt) oder wegen „home abortion" oder Frühstabtreibung mit der Spirale nicht sichergestellt werden können, bietet die Methode der Absaugung (in Deutschland etwa 83 % aller Abtreibungen) grundsätzlich die Möglichkeit, die Embryonen weiterzuverwenden. Je nach Größe des Embryos kann man zu diesem Zweck durch größere Kanülen dafür sorgen, dass

45

auch der Kopf des Kindes hindurchpasst (üblich sind Kanülen zwischen 4 und 12 mm Durchmesser, aber auch noch größere); dazu muss der Muttermund stärker geweitet werden. Da keine Tötungsmittel verabreicht wurden und es sich nicht um eine Fehlgeburt handelt, ist die Möglichkeit einer Schädigung, einer Krankheit, eines genetischen Defektes oder anderen Hinderungsgrundes für Forschung und Verwertung des Kindes kaum gegeben. Zum Zeitpunkt der Absaugung lebt das Kind noch, es kann also sofort nach der Abtreibung ausgeschlachtet werden, vor allem, wenn lebende Gewebe benötigt werden (siehe Kapitel „Tausche Leben gegen Tod? – Transplantation und Zelltherapie"). Neben den größeren Kanülen muss man nur dafür sorgen, dass der erzeugte Unterdruck zwar hoch genug für die Absaugung, aber niedrig genug für den möglichst vollständigen Erhalt des Kindes angesetzt wird.

Eine noch wirksamere Alternative, weil noch „schonender" und ohne Elektrizität, bietet

Der Manual Vacuum Aspirator (Manueller Vakuum-Aspirator)

Die manuelle Vakuum-Aspiration wird schon seit 1927 verwendet. Hierbei wird das Prinzip der Absaugung angewandt, aber ohne Strom, also rein manuell durch Erzeugung eines mechanischen Unterdrucks. Da außerdem keine Narkose notwendig ist, ist das Gerät vor allem in den Regionen der Dritten Welt sehr beliebt. Durch die vorsichtige manuelle Erzeugung des Unterdrucks kann der Embryo praktisch unversehrt und noch lebend herausgeholt und sofort weiterverwertet werden (zu weiteren Aspekten des MVA siehe Kapitel „Töten für den Machterhalt? – Internationale Verflechtungen").

Die Erweiterung und Räumung
(Dilatation and evacuation)

Hierbei handelt es sich um eine von der WHO empfohlene Methode für Abtreibungen nach der 12. Woche. Zunächst wird der Muttermund mit zum Beispiel Mifepriston oder Misoprostol erweitert und weich gemacht, danach folgt die elektrische Vakuum-Aspiration mit Kanülen bis zu 16 mm Durchmesser unter Zuhilfenahme einer Geburtszange. Auch diese Methode macht die Verwertung des abgetriebenen Kindes möglich.

Sterbenlassen oder vorher töten? –
Abtreibungen nach der 20. Woche

Die Methoden der Spätabtreibung sind nicht grausamer als die der Frühabtreibung, doch es fällt mehr auf, denn es handelt sich hier oft um Kinder, die außerhalb des Mutterleibes bereits lebensfähig wären und unter anderen Umständen als Frühchen intensivmedizinisch versorgt würden. Der Deutsche Bundestag hat im Mai 2009 über eine Gesetzesänderung zu Spätabtreibungen entschieden, in der es vor allem um die Pflicht der Ärzte zu Beratung und Aufklärung und um eine Dreitagesfrist zwischen Beratung und Abbruch geht, des weiteren sollte eine Statistik geführt werden, eine sinnvolle Änderung, die leider nicht durchgesetzt wurde. Eine ähnliche Empörung gab es unter Bundestagsabgeordneten bereits im Jahr 1999. Damals passierte gar nichts, heute kommt das Thema wenigstens einmal auf die Agenda, auch wenn die vorgesehenen Maßnahmen vermutlich keine positive Wirkung in Form einer Senkung solcher Abtreibungen haben werden. Denn die Beratungspflicht der Ärzte existiert ohnehin, eine bessere Statistik kann kaum die Zahl solcher Abtreibungen senken helfen, und eine Bedenkzeit hilft nach den bisherigen Erfahrungen mit allen Abtreibungen ebenfalls nicht wirklich weiter.

Momentan werden ungefähr 600 Schwangerschaften in Deutschland jährlich nach der 20. Woche abgebrochen, davon ca. 200 nach der 22. Woche. Da es aber eben keine Statistik gibt, sind dies nur Schätzungen, Fachleute vermuten eine deutlich höhere Zahl.

Um zu verhindern, dass Kinder bei einer eingeleiteten Geburt lebend zur Welt kommen, obwohl sie „nicht zum Leben bestimmt sind", werden sie häufig vorher getötet. Hierzu verwendet man entweder Kaliumchlorid, das dem Kind direkt ins Herz gespritzt wird, oder chemische Stoffe wie die Ethacridinsäure Rivanol, ein Desinfektionsmittel, das in die Fruchtblase injiziert wird, um die Kinder tödlich zu verätzen.

Bei einer eingeleiteten Geburt werden zunächst Prostaglandine als wehenfördernde Mittel gegeben, das Kind wird nach Stunden entweder tot geboren, vorher getötet oder, falls es die Abtreibung überleben sollte, in eine Decke gewickelt und in einen Nebenraum gelegt, um es dort liegenzulassen, bis es tot ist. Vor Jahren geriet diese Methode des Sterbenlassens durch einen Jungen in die Schlagzeilen, der einfach nicht sterben wollte und den man nach 10 Stunden dann doch versorgen musste. Tim hat schwere Behinderungen davongetragen, ist heute 11 Jahre alt und lebt in einer Pflegefamilie. Vor allem dieses Liegenlassen führt immer wieder zu Diskussionen in der Öffentlichkeit, nicht aber die anderen, ebenso grausamen Methoden der Kindestötung vor oder bei der Geburt.

Bei der Sectio Parva wird die Gebärmutter über den Bauch der Mutter geöffnet, das Kind zunächst getötet (meistens mit einer Abortzange) und dann herausgeholt. Die Partial Birth Abortion, die in den USA gängig war, wurde von Präsident Bush vorübergehend verboten. Bei dieser Methode wird das Kind bis zum Kopf geboren, dann wird mit einer Schere ein Loch in dessen Kopf gestoßen, um das Gehirn zu entfernen. Danach wird die Geburt abgeschlossen. Die Tötung des Kindes bei der Geburt kann auch durch Dekapitation (Abtrennung des Kopfes mit einer Siebold-Schere) oder durch Perforation (Durchstoßen der Schädeldecke) erfolgen. Der jetzige Präsident Obama hat nach Meldungen bei einer Abstimmung über diese Abtreibungsmethode im Senat von Illinois weder mit Ja noch mit Nein gestimmt, sondern mit „Anwesend".

Gewinnerzielung und Kostenerstattung

Mit Abtreibungen ließ sich schon immer gut Geld verdienen. Der frühere Profi-Abtreiber Bernard Nathanson schreibt in seinem Buch „Die Hand Gottes", dass 1970 im Center for Reproduction Rights and Health an jedem Werktag 120 Abtreibungen zum Preis von je 300 Dollar durchgeführt wurden. Ein Abtreiber bekam dort einen Stundenlohn von 70–90 US-Dollar. Der Autor berichtet auch von einem Kollegen, der neben seinem normalen Dienst jeden Samstag und Sonntag noch in einer anderen Einrichtung Abtreibungen durchführte und damit in einem Jahr zusätzlich 180.000 Dollar verdiente.

In Deutschland liegt der durchschnittliche Preis für eine Abtreibung bei etwa 450 Euro. Der professionelle Abtreiber Friedrich Stapf, der in München und in Stuttgart je eine Einrichtung unterhält, führt in Bayern wahrscheinlich um die 30 % aller Schwangerschaftsabbrüche durch, was insgesamt über 3.000 Abtreibungen jährlich ergäbe und damit einen Verdienst von mindestens 1,3 Millionen Euro allein in seiner Münchener Einrichtung.

Der „Denkschrift 2008 zur Haushalts- und Wirtschaftsführung des Landes Baden-Württemberg mit Bemerkungen zur Haushaltsrechnung für das Haushaltsjahr 2006", dem Jahresbericht des Baden-Württembergischen Landesrechnungshofes, kann entnommen werden, dass das Land im Jahr 2006 den Krankenkassen 5,2 Millionen Euro an Kosten für Abtreibungen erstattet hat, was fast sämtliche in Baden-Württemberg aufgrund sozialer Indikation durchgeführten Abbrüche umfasst (zum Vergleich: 1996 betrugen die erstatteten Kosten nach Angabe der Denkschrift 1,61 Millionen, seitdem stiegen die Summen zunächst stetig an und bleiben jetzt auf hohem Niveau: zum Beispiel waren es 1997 schon 3,13 Millionen Euro, 2000 4,42 Millionen und 2003 6 Millionen Euro). Auch die Erstattungsquote, also der Anteil der Abtreibungen, für die überhaupt eine Kostenerstattung seitens des Landes erfolgt, stieg stetig, von 38,3 % im Jahr 1996 auf durchgängig über 90 % bis 100 % seit 1998. Zu Recht wundern sich die Verfasser der Denkschrift, dass nur so wenige Frauen in der Lage sind, die Abtreibungen selbst zu bezahlen, und schließt mit der Überlegung: „Die Höhe der Kostenerstattung des Landes könnte möglicherweise reduziert werden, wenn die Einkommens- und Vermögensverhältnisse korrekt ermittelt werden." Wenn schon die Einkommensermittlung der Frauen offensichtlich schwierig ist, kann man nicht davon ausgehen, dass die Abtreibungsstatistik insgesamt sauber, eindeutig oder gar vollständig ist. Interessant ist auch eine weitere Bemerkung dieser Denkschrift: „Obwohl das Bundesverfassungsgericht in seiner Entscheidung im Jahr 1992 u. a. ausgeführt hat, dass das ungeborene Leben von Verfassung wegen geschützt sei und insbesondere der Schwangerschaftsabbruch nicht ein Instrument der Familienplanung sein dürfe, werden bis heute statistische Daten zu wiederholten Schwangerschaftsabbrüchen einer Frau nicht gefordert" (S. 102).

Jeder, der öffentlich die im Gesetz zum § 218 festgeschriebene Beobachtungs- und Nachbesserungspflicht einfordert, darf mit Ärger rechnen.

Zwischen 1996 und 2002 bezahlten die Bundesländer für 810.947 Abtreibungen insgesamt 250.532.352,60 Euro (siehe Kleine Anfrage an die Bundesregierung vom 10. September 2003). Die zusätzlich noch illegal tätigen Abtreiber verdienen noch weit besser, wie der im Dezember 2007 verhaftete Spanier Carlos Morín. Er stellte im Jahr 2005 in einer seiner vier Einrichtungen legale Rechnungen in Höhe von 1,5 Millionen Euro aus, hinzu kam vermutlich noch einmal die doppelte Summe an illegalen Rechnungen, aufgrund derer er verhaftet wurde. Für eine illegale Abtreibung in der 30. Schwangerschaftswoche veranschlagte er laut einem fingierten Telefonat 4.000 Euro, bar auf die Hand (Bericht aus El Mundo, 2. Dezember 2007).

Tatsachen und Zahlen jedweder Art jedoch wollen Abtreibungsverfechter nicht hören – sie pochen auf Frauenrechte, Wahlfreiheit, Forschungsfreiheit und andere Nebenkriegsschauplätze, die den wirklichen Problemen und Ursachen nicht gerecht werden. Sonst hätten die massiven und vor allem auch massiv finanziell geförderten Maßnahmen wie immer frühere Sexualaufklärung, problemloser Zugang zu Verhütungsmitteln und faktisch ebenso problemlose Möglichkeit der Abtreibung in Deutschland nicht zu steigenden Abtreibungszahlen geführt. Steigend? Sie sinken doch? Nach offizieller Statistik, ja. Unter Berücksichtigung der von der Statistik nicht erfassten Abtreibungen (in etwa noch einmal dieselbe Anzahl) und des Verhältnisses von Abtreibungen zur Zahl der Frauen im gebärfähigen Alter (nicht nur in Deutschland immer weniger) sind die Abtreibungszahlen keineswegs gesunken.

„... donec ad haec tempora, quibus nec vitia nostra nec remedia pati possumus, perventum est" („... bis es zu unseren Zeiten gekommen ist, in denen wir weder unsere Fehler noch die Heilmittel dagegen ertragen können").

Livius, Vorwort zu „Ab urbe condita"

GESUNDBLEIBEN MIT GETÖTETEN KINDERN? –
IMPFSTOFFE

Früher waren Krankheiten wie Hepatitis A, Tollwut, Röteln oder Kinderlähmung immer gefährlich und oft tödlich. Die pharmakologische Forschung konzentrierte sich daher auf Möglichkeiten, solche Krankheiten gar nicht erst ausbrechen zu lassen, sondern die Menschen bereits vorher zu schützen.

Als wirksame Methode, solche gefährlichen Krankheiten auszurotten, haben sich seit den 1950er Jahren Impfstoffe als Prävention bewährt und etabliert, unter der Voraussetzung, dass sie möglichst flächendeckend eingesetzt werden. In der Regel werden hierbei sogenannte Lebendimpfstoffe verwendet. Hierfür werden die Erreger, gegen die geimpft werden soll, zunächst kultiviert (vermehrt) und danach mit chemischen Mitteln so abgeschwächt, dass sie keinen Schaden im Körper des geimpften Menschen anrichten, sondern ihn gegen den Erreger immunisieren. Zu den neueren Methoden der Impfstoffentwicklung gehört die Verwendung der inaktivierten Impfstoffe oder Totimpfstoffe. Hierbei wird der Erreger vollständig abgetötet, oder man nimmt nur einen Teil des Erregers, wie zum Beispiel ein Protein.

Zu den Krankheiten, gegen die Impfstoffe erfolgreich eingesetzt werden, gehören neben den anfangs erwähnten vor allem Windpocken, FSME (Frühsommer-Meningo-Enzephalitis, eine Form der Hirnhautentzündung), Masern, Mumps und Grippe, außerdem Tetanus, Windpocken,

Diphtherie oder Keuchhusten; in bestimmten Staaten kommen weitere gefährliche Krankheiten wie Malaria, Ebola, Gelbfieber oder Tuberkulose hinzu. Die Erreger von solchen Krankheiten sind in der Regel entweder Bakterien oder Viren. Wenn man Bakterien als Grundlage für Impfstoffe kultivieren möchte, kann man dazu normale Nährmedien verwenden: man mischt unter anderem Zucker, Salze, Wasser oder Aminosäuren, auf denen die Bakterien wachsen und sich vermehren können.

Bei Viren ist dies anders: Viren vermehren sich ausschließlich in Gewebekulturen, also in lebenden Zellen. Will man folglich für einen Impfstoff, der gegen Virenerkrankungen schützt, solche Erreger-Viren kultivieren, muss man auf lebende Organismen zurückgreifen. Möglich und in der Praxis angewandt sind Zellen von Hamstern, Hunden, Affennieren, Embryonen aus bebrüteten Hühnereiern oder menschliche Zellen, neuerdings auch Bierhefezellen.

Bei vielen der bei uns gängigen Impfpräparate werden die Viren auf Zellen von abgetriebenen Kindern gezüchtet. Eine große Zahl von Impfstoffen, die in Deutschland erhältlich sind, wurde mit Hilfe der „Reste" eines abgetriebenen Kindes hergestellt. Es gibt bei uns nicht einen einzigen Kombinations-Impfstoff gegen Masern-Mumps-Röteln (MMR), der ohne solche fötalen Zellen hergestellt wurde, während in Japan beispielsweise sehr wohl ethisch vertretbare Alternativen erhältlich sind. Im Fall von Windpocken gibt es sogar weltweit keine Alternative.

Eine Dosis eines typischen MMR-Impfstoffes kostet in der Apotheke etwa 50 Euro. Die größten Impfstoffhersteller weltweit verkaufen in jedem Jahr über 1,1 Milliarden Dosen Impfstoffe in Hunderten von Staaten. Umgerechnet auf durchschnittlich etwa 20 Euro pro Dosis (in den

Staaten der sogenannten „Dritten Welt" liegen die Preise deutlich unter den Preisen für dieselben Stoffe in Industrieländern) kann ein solch großes Unternehmen allein mit Impfstoffen also in jedem Jahr einen Umsatz von mindestens 22 Milliarden Euro erzielen.

Die Zellen der für die Herstellung dieser Stoffe abgetriebenen Kinder verbergen sich hinter Formulierungen wie „wurden auf humanen diploiden Lungenzellen gezüchtet" (diploide Zellen haben einen doppelten Chromosomensatz), in medizinischen Lexika wird erläutert, dass Rötelnvakzine aus „auf Gewebekultur gezüchteten Virusstämmen" hergestellt werden (Roche Medizin-Lexikon). Eine Verschleierung, die eigentlich zumindest in den Packungsbeilagen enthüllt werden sollte. Jedoch sind auch die dort für die fötalen Zell-Linien gebräuchlichen Kürzel weder für Laien noch für fachkundige Mediziner oder Apotheker auf Anhieb nachvollziehbar, es werden in der Regel Kombinationen aus Buchstaben und Zahlen verwendet, wie HEK 293, MRC-5 oder PER.C6. In Werbebroschüren von Herstellern liest sich das folgendermaßen: „einzeln gezüchtet in Kulturen embryonaler Hühnerzellen (Masern und Mumps) oder in Kulturen humaner diploider MRC-5 Zellen (Röteln)".

Zwei Zell-Linien aus zwei abgetriebenen Kindern

Aus den 1960er Jahren gibt es zwei Zell-Linien von abgetriebenen Kindern, die bis heute vielfältige Verwendung finden:

Die Linie MRC-5

MRC-5, mit der sehr viele Medikamente hergestellt werden, bezeichnet eine dieser beiden Linien. MRC ist die Abkürzung für das Institut, an dem diese Linie „gewonnen" wurde, das Medical Research Council in London. MRC-5 bezeichnet fötale Lungenzellen, die einem 14 Wochen alten Jungen unmittelbar nach seiner Abtreibung entnommen wurden. Diese nach Aussage der zuständigen Forscher des Institutes aus psychologischen Gründen erfolgte Abtreibung im September 1966 erbrachte eine Zell-Linie, die sich auch heute großer Verbreitung und Beliebtheit bei Produzenten und Forschern erfreut. Nachdem die dem abgetriebenen Jungen entnommenen Lungenzellen durch Kultivierung etwa die siebenfache Menge erreicht hatten, wurden sie tiefgekühlt und so konserviert, dass sie auf Jahrzehnte immer wieder aufgetaut und weiter vermehrt werden können. Nach Angaben der Firmen, die solche Zellen verkaufen, sind sie besonders für die Kultivierung von menschlichen Viren geeignet. Als Beispiele werden unter anderem der Varicella Zoster Virus (Erreger von Windpocken und Gürtelrose), Herpes simplex, Poliovirus und Adenoviren genannt.

Entsprechend wird diese Zell-Linie seit den 1960er Jahren dauerhaft auch für die Erforschung und Entwicklung neuer Impfstoffe eingesetzt. So wurde am 15. Oktober 1998 ein Patent unter der Nummer DE 69224590T2 zugelassen, bei dem zwei Schweizer Forscher diese Zell-Linie für die Entwicklung einer neuen Vakzine (Impfstoff) gegen Hepatitis A zur Kultivierung nutzten. Im „Journal of microbiology and biotechnology", Band 9, Nr. 4 aus dem Jahr 1999 wird über ein weiteres Forschungsvorhaben zur Entwicklung eines Impfstoffes gegen Hepatitis A mit Hilfe von MRC-5-Zellen berichtet, diesmal in Südkorea. Auch in neuester Zeit taucht der Name dieser Zell-Linie häufig auf, beispielsweise an Universitäten, wo sie für Dissertationen verwendet werden (Universität Konstanz, „Anwendung pluripotenter Zellen in der Entwicklungstoxikologie", oder Universität Münster, „Baculovirus-vermittelte transiente Genexpression in Herpes-simplex-Virus Typ 1 (HSV-1)-infizierten Säugerzellen", 2004). Interessant ist die Verwendung des Begriffes „Säugerzellen", auf den wir noch zurückkommen.

Käuflich zu erwerben sind Zellen der Linie MRC-5 unter anderem bei ATCC (American Type Culture Collection). Solche Vorratsbanken, bei denen man von Mäusezellen über Krebszellen bis zu fötalen und embryonalen menschlichen Zellen eine große Auswahl hat, existieren schon seit Jahrzehnten und machen sehr gute Geschäfte, sowohl mit Forschern und Universitäten/Doktoranden als auch mit Pharmakonzernen, die Zellen für die Entwicklung von Medikamenten benötigen.

Unter der ATCC-Bestellnummer CCL-171 kann man eine Portion MRC-5 für 485 Euro kaufen. Wenn man überschlagsweise davon ausgeht, dass es weltweit ca. 50 Bestellungen pro Jahr gibt (überwiegend für Forschung und Dissertationen), liegt der mit dieser Zell-Linie erzielte Umsatz in einem Jahr bei 24.000 Euro. Umgerechnet auf 40 Jahre Verwendung kann man den Gesamtumsatz einer Zellbank nur durch den Verkauf dieser einen Zell-Linie auf knapp 1 Million Euro schätzen. Ebenfalls angeboten wird MRC-5 bei der Zelldatenbank ECACC (European Collection of Cell Cultures), diese Bank führt die Linie unter der Nummer 84101801, veröffentlicht aber keine Preise. Über die Internetseite der Interlab Cell Line Collection, die in Italien beheimatet ist, kann man gleichfalls Zellen kaufen. MRC-5 wird hier unter der Nummer HL 95001 geführt und ist, wie bei allen anderen Zellbanken auch, ganz normal unter Zellen gelistet, die Tieren, Kindern oder Erwachsenen entnommen werden.

Eine besondere Bedeutung erhielt MRC-5 aufgrund der Sorge der Vereinigten Staaten bezüglich eines kriegerischen Angriffes mit Hilfe von Pockenviren. Die US-amerikanische Regierung schloss einen Vertrag mit einer britischen Herstellerfirma über die Lieferung von Pocken-Impfstoffen zur Vorratshaltung für den Fall eines Angriffes oder einer Epidemie. Diese Firma (die mittlerweile von einem großen Konzern aufgekauft wurde) stellte zu diesem Zeitpunkt zwei Versionen der Pockenvakzine her. Die eine Version, von der bis Mai 2003 54 Millionen Impfdosen von der Regierung bestellt wurden, wurde mit Hilfe von MRC-5 hergestellt, während der Folgeimpfstoff derselben Firma (Bestellung über 155 Millionen Dosen) mit Hilfe von Affennierenzellen produziert wurde. Dieses Beispiel zeigt, dass es offenbar ohne größere Probleme möglich ist, auf Zellen von abgetriebenen Kindern zu verzichten, ohne Qualitäts- oder Quantitätseinschränkungen befürchten zu müssen. Die Summe der bereitgestellten Gelder spricht für sich: für die Deponierung von Vorräten an Pocken-Vakzinen stellte die Regierung der USA in einem einzigen Projekt 428 Millionen US-Dollar zur Verfügung, ein satter Umsatz für die Hersteller.

Abgesehen von der Tatsache, dass für die Kultivierung des Virus bereits die Zellen von getöteten Kindern verwendet werden, kommt bei Röteln-Impfstoffen erschwerend hinzu, dass der Virenstamm selbst, der in den MRC-5-Zellen vermehrt wird, ebenfalls von einer Abtreibung stammt. Die vom Hersteller angegebene Röteln-Viren-Linie Wistar RA-27/3 bezeichnet den gefundenen Rötelnvirus der 3. Gewebeprobe des 27. im Rahmen einer indizierten Abtreibung getöteten Kindes. Während einer Rötelnwelle in den 1960er Jahren in den USA wurde schwangeren Frauen vorsorglich zum Abbruch geraten, weil die Kinder eventuell durch die Krankheit hätten geschädigt sein können. Den aufgrund dessen abgetriebenen Kindern entnahm man die entdeckten Rötelnviren und kultivierte sie für einen Impfstoff. In den Packungsbeilagen stehen die Kürzel sowohl für die Viruskultur als auch für den Virusstamm, wodurch die Art der Kultivierung und die Herkunft des Virenstamms erschließbar sind.

Die Linie WI-38

Die andere ältere Zell-Linie trägt gleichfalls den Namen des Institutes Wistar: WI-38. Diese Lungen-Zellen stammen von einem anderen in den 1960er Jahren bei einer Abtreibung getöteten Kind und werden seitdem, wie MRC-5 auch, immer wieder verwendet, zum Beispiel in Dissertationen (wie 2001 an der Universität Halle-Wittenberg).

Heute noch ist einer der Schwerpunkte des Wistar-Institutes die Forschung nach Impfstoffen unter Verwendung auch fötaler Zell-Linien: 2007 förderte das Gesundheits-Ministerium von Pennsylvania die Forschung für einen Grippeimpfstoff mit 4,2 Millionen US-Dollar. Für ein 5-Jahres-Forschungsprogramm zur Entwicklung eines Impfstoffes gegen HIV standen 13,3 Millionen US-Dollar zur Verfügung. Insgesamt verfügt das Wistar-Institut über ein jährliches Budget von 53,4 Millionen US-Dollar, ein finanzielles Polster, mit dem sich bequem forschen lässt.

Vor allem bei Impfstoffen gegen Masern-Mumps-Röteln und Tollwut werden die WI-38 Zellen eingesetzt. Ein normaler Tollwut-Impfstoff kostet in einer Internet-Apotheke um die 50 Euro. Bei diesen Medikamenten verwendete Kürzel sind ebensowenig erhellend wie bei den anderen Impfstoffen, so steht HDC für „human diploid cells", eine Bezeichnung, die zwar auf den Menschen, nicht aber, wie es korrekt wäre, auf den fötalen/embryonalen Menschen hinweist. Tatsache ist, dass bei keiner der gesichteten Dissertationen, Packungs-beilagen, Inhaltsangaben oder dem Vertrieb über Zellbanken auf die wirkliche Herkunft solcher Zellen beziehungsweise ethische oder sonstige Bedenken hingewiesen wird. In Dissertationen werden die Kürzel und Zell-Informationen wissenschaftlich korrekt wiedergegeben, jedoch fehlt jeglicher Hinweis auf den Umstand, dass es sich um Körperteile eines bei einer Abtreibung getöteten Kindes handelt. Vor allem in diesen Arbeiten, die einen verliehenen Doktorgrad zum Ergebnis haben sollen, tritt in erschreckender Weise zutage, dass die Verwendung der Kinderzellen von Selbstverständlichkeit und offensichtlicher Sorglosigkeit geprägt ist.

In einer Liste der in Deutschland zugelassenen gentechnischen Arzneimittel kann man ähnliche Hinweise auf Verschleierung und/oder sorglose Selbstverständlichkeit finden. Bei einem Impfstoff findet sich der Hinweis „Hefe (S. cerevisiae)", der sich auf das für die Kultivierung des Hepatitis B-Virus verwendete lebende Gewebe bezieht – es fehlt jedoch der Hinweis auf die menschliche fötale Herkunft des Gewebes für die Kultivierung des Hepatitis-A-Virus im selben Impfstoff. Bei der Angabe „Humanzellen" bei anderen Medikamenten wird des weiteren nicht unterschieden zwischen Zellen von Erwachsenen und Zellen von vorgeburtlichen Kindern; lediglich eventuell angegebene Kürzel lassen auf die Herkunft der Zellen schließen, ansonsten muss man sich die Mühe machen, bei jedem Präparat selbst nachzuforschen.

Warum Kinderzellen?

Für die meisten Krankheiten gibt es weltweit Impfstoffe, die keine aus Abtreibungen stammenden Zellen verwenden, sondern bei denen die Viren auf Zellen von Affennieren oder Hühnereiern, neuerdings auch auf Hamster- und Hundezellen oder eben Bierhefe vermehrt werden. Dies ist unter anderem der Fall bei in Deutschland verkauften Kombinationsimpfstoffen gegen Tetanus/Diphterie/Keuchhusten (sie werden auf Affenzellen kultiviert) oder bei Impfstoffen gegen Kinderlähmung. Nach welchen Kriterien die Hersteller vorgehen, ist gelegentlich nur schwer durchschaubar: so brachte eine Firma in den 1990er Jahren gleichzeitig an zwei verschiedenen Orten zwei verschiedene Masern-Impfstoffe auf den Markt: in Süd-Afrika ein Präparat, das mit MRC-5-Zellen produziert wurde, in Europa eines auf Basis tierischer Zellen.

Bei der Herstellung von neuen Impfstoffen gegen Gürtelrose greift man wiederum auf die fötalen Zellen (WI-38 oder MRC-5) zurück, die bereits bei der Entwicklung von Windpockenimpfstoffen verwendet wurden, da beide Krankheiten auf demselben Virus beruhen. Es ist wohl nicht nur so, dass die Bedenkenlosigkeit bei der Nutzung der Kinderzellen bleibt, vielmehr ist zu beobachten, dass die Hersteller aus Gründen, die noch dargelegt werden, sogar verstärkt mit menschlichen fötalen Geweben produzieren. Im Herbst 2008 wurde von der amerikanischen Medikamenten-Zulassungsbehörde FDA (Food and Drug Administration) ein ganz neuer Impfstoff zugelassen, der die WI-38-Zellen für die Entwicklung und Produktion verwendet.

Während Impfstoffe gegen Gelbfieber und Grippe bisher ohne fötale Zellen auskamen, gibt es zur Zeit in Deutschland neben der bereits genannten MMR-Kombinationsimpfung und dem Impfstoff gegen Windpocken auch gegen Hepatitis A (laut Bundesanzeiger 133 vom 3. September 2008) keinen einzigen Impfstoff, der ohne die Zellen eines abgetriebenen Kindes (in diesem Fall wieder MRC-5-Zellen) produziert wurde. In anderen Staaten dagegen gibt es, wie bei der MMR-Impfung, sehr wohl Impfstoffe gegen Hepatitis A oder Röteln, die ohne fötale Zellen auskommen.

Daher stellt sich die Frage, was die Forschungs- und Entwicklungsabteilungen der Pharmakonzerne dazu bewegt, solche Alternativen nicht in Betracht zu ziehen. Prinzipiell gibt es dazu drei Erklärungsmöglichkeiten:

– Finanzielle Aspekte bezüglich der Kosten und Herstellungsmengen
– Biologische/medizinische Aspekte im Hinblick auf Wirkung und Verträglichkeit
– Sogenannte „ethische" Aspekte

Finanzielle Aspekte bezüglich der Kosten und Herstellungsmengen

Bei diesem Punkt spielt vor allem der Aufwand, der für die Kultivierung der Viren betrieben werden muss, eine wichtige Rolle: So ist die Methode, einen Virus auf Hühnerembryonen zu züchten, sehr aufwendig. Zunächst müssen die Eier bebrütet werden, danach muss man überprüfen, ob die Hühnerembryonen leben, daraufhin die Embryonen mit dem Virus infizieren, die Eier dann noch weiter bebrüten lassen und schließlich die Hühnerembryonen töten. Des weiteren müssen besondere Maßnahmen ergriffen werden, um die Sterilität des Impfstoffes zu gewährleisten, da man Hühnereier nicht in vollkommen steriler Umgebung bebrüten lassen kann. Ein weiteres Argument gegen die Nutzung der Hühnerembryonen wurde vom Verband forschender Arzneimittelhersteller (VFA) ins Feld geführt („Neue Methoden der Biotechnologie bei der Herstellung von Grippeimpfstoffen"): Im Falle einer Grippe-Epidemie werden sehr schnell sehr viele Impfdosen gegen Grippe benötigt, das Problem bei Hühnereiern liegt dann darin, dass „im Durchschnitt die Ausbeute bei einer Impfstoffdosis pro Ei liegt". Außerdem könnte eine Grippewelle, die auf der Vogelgrippe basiert, auch die Hühnerbestände befallen und somit die zur Verfügung stehenden Eier dezimieren. So ist in finanzieller Hinsicht die Verwendung von Hühnerembryonen tatsächlich begrenzt auf eine gewonnene Impfdosis pro Ei, eine Ausbeute, die definitiv durch keine Maßnahme gewinnbringend gesteigert werden könnte.

Für die Argumentation zugunsten fötaler Zellen im Vergleich zu Zellen von beispielsweise Hunden oder Affen, die als Alternative ja in Frage kommen, wird konstatiert, dass menschliche Viren sich naturgemäß am besten und auch am schnellsten auf menschlichen Zellen vermehren, ein solides finanzielles Argument für die Verwendung solcher Zellen: je schneller und besser die Vermehrung der Viren erfolgt, desto höher sind die Produktionsmengen des Impfstoffes und desto schneller können sie auf den Markt gebracht werden, beides deutliche umsatz- und damit gewinnsteigernde Aspekte.

Bis ein Medikament zugelassen und auf den Markt gebracht werden kann, dauert es Jahre, die Forschung und Entwicklung kostet jedesmal mehrere Millionen Euro und stellt somit ein grundlegendes finanzielles Risiko für den Pharmakonzern dar. Nach Angaben des VFA beträgt allein der finanzielle Forschungsaufwand für ein innovatives Medikament etwa 800 Millionen Dollar. Für Medikamente, die auf bereits vorhandenen Stoffen basieren, ist dieser finanzielle Aufwand geringer, aber immer noch generell im dreistelligen Millionenbereich. Wenn die Entwicklung eines solchen Medikamentes scheitert, bedeutet dies einen erheblichen Verlust für den Hersteller. Dies war der Fall bei einem Versuch, einen Impfstoff gegen HIV zu produzieren. Nach gescheiterten Tests in bezug auf die Wirkung wurde die Entwicklung durch die Produktionsfirma im Jahr 2004 eingestellt, bis dahin hatte sie aber bereits 120 Millionen US-Dollar gekostet. Im September 2008 gab es wissenschaftliche Debatten um mögliche gefährliche Nebenwirkungen eines Atemwegsmedikamentes, das als umsatzstärkstes Medikament des Herstellers allein im Jahr 2007 einen Umsatz von 1,8 Milliarden Dollar erzielt hatte. Im Falle einer erzwungenen Rücknahme vom Markt wäre der Verlust für dieses Unternehmen beträchtlich, noch bevor die hohen Forschungs- und Entwicklungskosten sich halbwegs amortisiert hätten.

Allein solche Zahlen zeigen, dass jedes Pharma-Unternehmen ein starkes Interesse daran haben muss, zum einen seinen guten Ruf zu behalten, also „sauber" zu forschen und zu entwickeln, und zum anderen mit jedem neuen Medikament einen dauerhaften und hohen Gewinn zu erzielen.

Biologische/medizinische Aspekte im Hinblick auf Wirkung und Verträglichkeit

Was die biologischen und medizinischen Aspekte angeht, so wird meistens darauf verwiesen, dass Affennierenzellen Verunreinigungen oder Viren enthalten können, und dass bei Hühnerzellen immer die Gefahr besteht, dass Reste von tierischen Eiweißen im Impfstoff vorhanden sind und bei Impflingen die Gefahr von Überreaktionen gegen diese tierischen Eiweiße oder überhaupt gegen tierische Bestandteile besteht. Außerdem können aus Hühnerembryonen gezüchtete Impfstoffe auch Reste von Antibiotika enthalten. Aus dieser Argumentation heraus bevorzugen viele Forschungslabors mittlerweile die menschlichen Zellen, die weder das eine noch das andere Problem aufweisen und außerdem sehr rein sind, das heißt möglichst wenige Komponenten überhaupt enthalten. Die besten Medikamente sind für viele Patienten diejenigen, welche mit möglichst wenigen Inhaltsstoffen auskommen.

Weiter wird auf die bessere Immunisierung hingewiesen, also die bessere Schutzwirkung gegen die entsprechende Krankheit, die bei Verwendung von menschlichen Kultivierungsmedien erkennbar sei. Das Europäische Patent mit der Nummer EP 0223915 beschreibt die medizinischen Vorteile der Kultivierung eines Mumps-Virus auf fötalen Zellen gegenüber der Hühner-Embryonen-Kultivierung folgendermaßen: „Dieses Verfahren weist den (…) Nachteil auf, dass der (…) Impfstoff an Hühnerembryogewebe-Kulturen adaptiert ist und noch Reste dieser Kulturen enthält. Die Fremdeiweiße aus der Impfflüssigkeit können unerwünschte Überempfindlichkeitsreaktionen hervorrufen (…) Der Erfindung liegt die Aufgabe zugrunde, einen Mumps-Impfstoff zu schaffen, der die beschriebenen Nachteile nicht aufweist, (…) optimal verträglich ist, keine lokalen oder allgemeinen Überempfindlichkeitsreaktionen stimuliert und außer abgeschwächten harmlosen Mumps-Viren keine pharmakologisch aktiven Bestandteile aufweist."

Die Folge dieser Argumentation ist, dass nicht nur bestehende Alternativen zu Kinderzellen nicht in Erwägung gezogen werden, sondern dass Kinderzellen zukünftig sogar verstärkt für die Forschung und Entwicklung von Impfstoffen genutzt werden könnten – mit dem hehren Ziel, im besten Sinne der Patienten zu handeln.

Sogenannte „ethische" Aspekte

Punkt drei der Erklärungsversuche mutet seltsam an, denn gerade wenn man ethische Aspekte berücksichtigen will, erscheint die Entscheidung zwischen tierischen und menschlichen Zellen eigentlich klar. Dass dem nicht so ist, kann man bei der Entwicklung von Impfstoffen gegen Kinderlähmung nachverfolgen. In Deutschland wurde 1961 eine Kinderlähmungs-Impfung vom Markt zurückgezogen, nachdem Mitarbeiter der Hersteller-Firma sich mit dem SV40-Virus infiziert hatten. Dieser Virus stammte von den aus Afrika für die Viren-Kultivierung importierten grünen Meerkatzen. Obwohl tierische Alternativen zur Virenkultivierung vorhanden waren, bei denen keine solche importierte Seuchengefahr bestand, verlegten sich die Forschungsabteilungen von da an auf menschliche Zellen.

Der erste, der solche Experimente erfolgreich durchführte, war Leonard Hayflick in Kalifornien. Hayflick hatte zu Beginn der 1960er Jahre in Zusammenarbeit mit dem Wistar-Institut den fötalen Lungenzellstamm WI-38 ausprobiert und festgestellt, dass diese Zellen für die Vermehrung von Viren hervorragend geeignet sind. Man könnte, wie Hayflick in einem „Spiegel"-Artikel vom 6. März 1972 zitiert wird, aus dem WI-38 Stamm rein rechnerisch etwa 20 Millionen Tonnen Zellen erzeugen („Zuchtmaterial für die Groß-Produktion") und damit die Welt etwa 20 Jahre lang mit Impfstoffen versorgen. Mittlerweile hat sich herausgestellt, dass die Erwartungen Hayflicks sogar noch weit übertroffen wurden, denn immer noch, inzwischen über 40 Jahre nach den Abtreibungen, werden beide Zell-Linien aus den 1960er Jahren kultiviert und für Forschung und Impfstoffe genutzt.

Neben den medizinischen nennt Hayflick einen weiteren Vorteil der menschlichen Zellen: Impfstoffe seien „wirtschaftlicher als bisher" zu produzieren, ein weiteres Argument sei, dass „das Affenschlachten aufhört". Hayflicks so formuliertes „ethisches" Argument zugunsten der Affen findet sich bei Tierschützern auch heute vielfach, es genügt, ein wenig im Internet zu stöbern, um Zitate wie das folgende zu finden (Forums.Myspace.com): „Ich finde es weniger schlimm, Embryonen zu ‚quälen' als weit entwikkelte Lebewesen, weil der Embryo ein geringeres bzw. gar kein Schmerzempfinden hat und er bei der Entnahme von Stammzellen sofort tot ist, während eine Maus (...) lange leiden muss (...) Ein anonymer klinisch ‚hergestellter' Embryo ist meines Erachtens nicht so viel wert wie das Schwein, das man später isst".

Nichts spricht dagegen, nach Alternativen für die Tötung von Tieren zur Impfstoffherstellung zu suchen. Der an Tieren vollzogene Test von Impfstoffen nach der Herstellung auf anomale Toxizität (ATT-Test auf Giftigkeit) wurde auf Betreiben von Tierschützern zu Recht abgeschafft, weil eine Versuchsreihe gezeigt hatte, dass er ungeeignet ist. Die Tierschützerlobby hat in den letzten Jahren eine große öffentliche Mobilmachung erfahren. Bei Tierversuchen wird mittlerweile prinzipiell nach dem „3 R-Prinzip" gehandelt: „replace, reduce, refine": (Tierversuche) ersetzen, reduzieren, verfeinern. Ein europäisches Institut namens Ecvam (European Centre for the Validation of Alternative Methods) arbeitet daran, in möglichst vielen Bereichen Alternativen zum Tierversuch zu erforschen und durchzusetzen, was künstlich nachgezüchtete Affennierenzellen ebenso beinhaltet wie menschliche (inklusive fötaler und embryonaler) Zellkulturen.

Die Naturschutzseite des Saarlandes im Internet führt an: „Alternative Methoden zum Tierversuch sind alle Verfahren an schmerzfreier Materie, die außerhalb von lebenden Tieren erfolgen. (...) Für sogenannte organotypische Gewebe-kulturen verwenden die Wissenschaftler Teile von Geweben oder Organen, manchmal auch komplette – beispielsweise embryonale – Organe." Mit dem ethischen Anspruch des Tierschutzes wird in diesen Argumentationen die Verwen-dung von „schmerzfreier Materie" propagiert – schmerz-freie Materie bezeichnet auch Zellen von abgetriebenen Kindern. Zynischerweise ist diese Aussage sogar richtig, denn bei Entnahme und Kultivierung der Kinderzellen sind die Kinder immerhin tatsächlich tot.

Wirkliche ethische Aspekte in bezug auf die Herkunft der Zellen gibt es anscheinend nicht, die Reputation der „sau-beren" Forschung seitens der Arzneimittelhersteller leidet offensichtlich in keiner Weise daran, dass die Verwendung abgetriebener Kinder für diese Forschung nicht nur nicht reduziert wird, sondern im Gegenteil kräftig ansteigt.

Im Oktober 2008 erhielt Harald zur Hausen für seine sicher-lich verdienstvolle Entdeckung des Erregers für Gebärmut-terhalskrebs den Nobelpreis für Medizin (wie gut man an einer solchen Entdeckung verdienen kann, zeigt die Imp-fung gegen diese Krebsform mit einem entsprechenden Impfstoff, der in einem Jahr den Umsatz von weltweit 1,5 Milliarden Dollar bescherte. Dieser Stoff ist übrigens nicht unumstritten, was die Wirksamkeit angeht). Zur Hausen hatte, wie wohl die meisten Wissenschaftler, die sich mit Impfstoffen beschäftigen, 1967 in Philadelphia mit HEK-Zellen (human embryonic kidney) geforscht, was natürlich nicht erwähnt wurde und kein Hinderungsgrund für die Ver-gabe des Preises war – vermutlich wusste es kaum jemand.

Das Bundesamt für Verbraucherschutz und Lebensmit-telsicherheit listet unter vielen anderen zwei menschliche Zell-Linien mit der Bezeichnung MESC 2.10 (human, fötal) und LUHMES (Gehirn, Embryo) auf. Diese Sorglosigkeit im Umgang mit und der medizinisch wie finanziell gewinnbringenden Nutzung von abgetriebenen Kindern bewegte 80 Nobelpreisträger zu einem Brief an das Weiße Haus (zu Zeiten von Präsident Bush, der die finanzielle Förderung von embryonaler Stammzellforschung noch verboten hatte). In diesem Brief verlangten sie die Freigabe der Stammzellforschung und führten genau die genannte Tatsache als Argument für die Freigabe dieser Forschung an. Sie „verweisen darauf, dass seit 35 Jahren zahlreiche wichtige Impfstoffe mit Hilfe von Zellen gewonnen werden, die aus abgetriebenen oder abgegangenen Föten stammen" (Zitat aus der Baseler Zeitung vom 11. Juni 2001). Logisch betrachtet, haben diese Wissenschaftler mit ihrer Argumentation vollkommen recht: Wenn man aus abgetriebenen Kindern seit Jahrzehnten Impfstoffe herstellen darf – und wenn man seit Jahrzehnten Kinder vor der Geburt problemlos töten und in vielen Staaten weiterverarbeiten darf –, warum sollte man dann nicht neue, künstlich hergestellte Embryonen für die Forschung nutzen dürfen?

Weiterhin bestehen Interessenvereinigungen zwischen Herstellern und Apothekern/Ärzten, die gemeinsam Werbung für Produkte machen, um daran Geld zu verdienen: Der Impfratgeber der Kassenärztlichen Vereinigung Nordrhein für 2008 trägt den Hinweis: „Wir danken (hier steht der Name eines Pharmakonzerns) für die Unterstützung bei der Erstellung der Broschüre". In dieser Broschüre steht bei Windpocken und Tollwut wahrheitsgemäß für den Laien unerkennbar, dass die Impfstoffe mit MRC-5-Zellen oder HDC-Zellen hergestellt werden. Allerdings muss auch zugunsten der Apotheker und Ärzte angemerkt werden, dass die meisten von ihnen über keinerlei Kenntnisse bezüglich dieser Umstände verfügen. Auf diese Umstände angesprochen, sind die Reaktionen unterschiedlich: Neben völliger

Ungläubigkeit erhält man auch folgende Antworten: „Ach, die sind ja schon seit 40 Jahren tot." „Die wurden ja sowieso nicht gewollt, und so helfen sie wenigstens noch anderen Kindern."

Die grundlegende ethische Frage lautet in der Tat: Darf man Menschen töten, um anderen Menschen zu helfen? In den letzten Jahren ist exakt diese Frage immer aktueller geworden, in Zusammenhang mit embryonaler Stammzellforschung, in Zusammenhang mit sogenannten „Spender"-Kindern, die nur gezeugt werden, um einem Geschwisterkind zu helfen, und anderen Bereichen.

Auch wird zugunsten der Verwendung der Kinderzellen argumentiert, die kindlichen Zellen befänden sich ja nicht im Impfstoff selbst, weil die vermehrten Virenzellen vom Kultivierungsmedium wieder getrennt werden. Dagegen spricht jedoch die von den Pharmakonzernen selbst angeführte Argumentation, wegen Unverträglichkeiten (Hühnereiweiß) und Seuchengefahren (Affennieren) keine tierischen Kultivierungsmedien verwenden zu wollen: diese Argumentation beinhaltet eindeutig die Tatsache, dass die vermehrten Viren offensichtlich eben nicht vollständig vom Kultivierungsmedium getrennt werden können, denn sonst gäbe es dieses Problem bei der Verwendung von tierischen Geweben nicht. Folglich ist davon auszugehen, dass auch von den kindlichen Zellen, die für die Virus-Vermehrung verwendet werden, Reste im Impfstoff vorhanden sein müssen, was mit Sicherheit ein ethisches Problem für Ärzte, Apotheker und Eltern von geimpften Kindern darstellt oder darstellen müsste. Was die ethischen Aspekte angeht, so sei auf eine Studie der Päpstlichen Akademie für das Leben (2005) verwiesen, die sich ausführlich mit diesem vor allem für die Impflinge und ihre Eltern bestehenden moralischen Dilemma (bei fehlenden Impf-Alternativen) beschäftigt.

Gezielte Tötung gesunder Kinder?

Bedenkenswert ist weiterhin die Tatsache, dass die Zellen der abgetriebenen Kinder sofort nach der Abtreibung entnommen werden müssen, damit sie nicht absterben, sondern für die Impfstoffherstellung verwendet werden können. Gewebe sind sehr empfindlich und sterben schnell ab. Insofern muss man sich fragen, wie „spontan" eine Entscheidung zur Zellentnahme bei gerade abgetriebenen Kindern vorstellbar ist – jeder Experte gibt zu, dass eine solche Zellentnahme sorgfältig geplant und vorbereitet werden muss.

Dr. Alex van der Eb, der die Zellen des für die Linie PER.C6 abgetriebenen Kindes unmittelbar nach der Abtreibung isoliert hat, konstatierte bei seinem Vortrag vor der amerikanischen Zulassungsbehörde am 16. Mai 2001, dass das Kind, dem er nach seinem Tod diese Zellen entnommen hat, völlig gesund war, eine notwendige Voraussetzung für die „Gewinnung" von brauchbaren Zellen für die Forschung. An den Grund oder genauen Zeitpunkt dieser Abtreibung erinnerte er sich nicht mehr. Um für die Forschung von Impfstoffen Zellen von Föten verwenden zu können, braucht man natürlich die Gewissheit, dass das Kind möglichst gesund ist und keine genetischen oder sonstigen Schäden aufweist.

Die Nutzung von Kindern aus sogenannten medizinisch indizierten Abtreibungen ist also von vornherein ausgeschlossen, außer man will mit Absicht die Bestandteile bestimmter Krankheiten, wie zum Beispiel Viren, erhalten. Was die Isolierung von Viren angeht (wie bei RA 27/3), so muss bei der Entnahme eine geplante und extra hierfür ausgesuchte Abtreibung vorliegen, weil mindestens der Verdacht auf eine Infektion des Kindes mit dem jeweiligen Virus gegeben sein muss. Ein weiteres Argument für eine notwendige

Planung bei der Gewinnung von Zellen ist die Tatsache, dass es möglichst ältere Föten sein sollen, die durch eine eingeleitete Geburt oder einen Kaiserschnitt abgetrieben werden, was gezielte Vorbereitungen erforderlich macht. Embryonen (Bezeichnung der Kinder bis etwa zur 8. Woche der Schwangerschaft) und junge Föten werden im Rahmen eines ambulanten Eingriffs meistens so zerrissen (Absaugmethode, bis zur 12. Schwangerschaftswoche, mittlerweile gibt es „schonendere" Methoden, um die Brauchbarkeit des Kindes zu erhöhen) oder zerstückelt (Curettage, bis ca. zur 15. Woche), dass es schwer möglich ist, verwendbare Zellen zu entnehmen, abgesehen davon, dass für die Gewinnung von organischen Zellen ohnehin Föten benötigt werden, am besten nach der 12. Schwangerschaftswoche, wenn die Organe sich bereits ausgebildet haben. Fehlgeburten sind ebenso wie medizinisch indizierte Abtreibungen nur sehr eingeschränkt verwendbar, denn es können immer genetische oder andere Mängel bzw. Krankheiten vorhanden sein, die die Fehlgeburt verursacht haben und die problemlose Nutzung gefährden.

Große Auswahl

Die Zellbank des Coriell Institutes in New Jersey (USA) bietet auch Linien an, die aus den 1970er Jahren stammen. Die Zell-Linie IMR-90 beispielsweise wurde 1975 von einem 16 Wochen alten abgetriebenen Mädchen entnommen, für kommerzielle Zwecke gibt das Coriell Institute den Preis von 140 Dollar pro Portion an, für Forschung 60 Dollar. Unter der Nummer AG04393 werden Zellen aus dem Jahr 1979 angeboten, die einem aus „therapeutischen Gründen" abgetriebenen Kind entnommen wurden. Die Linie TIG-1 stammt von einem asiatischen Kind, abgetrieben aus demselben „therapeutischen" Grund im Alter von 20 Wochen in Tokio.

Weiterhin in der Sammlung von „Specially Characterized Normal Human Diploid Fibroblast Cultures" („Besonders charakterisierte normale menschliche diploide Fibroblasten-Kulturen") finden sich die fötalen Zell-Linien IMR-91 und die bekannte Linie MRC-5. In der Zellbank ATCC wird neben vielen anderen eine Zell-Linie Detroit 551 angeboten, Hautfibroblasten eines 1965 abgetriebenen Mädchens zum Preis von 485 Euro pro Portion, in verunreinigter Form immerhin noch für 99 Euro – es gibt bei den verschiedenen Anbietern eine Fülle von Zell-Linien, die aus einer Abtreibung von getöteten und gesunden, also gut verwertbaren Kindern stammen.

Hart umkämpfter Markt

Wie lukrativ die Produktion von Impfstoffen ist, zeigt die Umsatzstatistik deutscher Apotheken für das Jahr 2007, veröffentlicht vom Verband forschender Arzneimittelhersteller (VFA): 3,34 Milliarden Euro an Umsatz wurden in den Apotheken nur mit gentechnisch hergestellten Arzneimitteln gemacht, davon fielen 29 %, also weit über 950 Millionen Euro, auf den Impfstoffbereich. Im Herbst 2008 wurde in Deutschland eine Impfkampagne gestartet, weil die sogenannte „Durchimpfungsrate" sich vor allem bei Kindern verringert hat und damit die Gefahr besteht, dass Krankheiten, die durch Impfungen so gut wie eingedämmt waren, sich wieder verbreiten können. So liegt die Durchimpfungsrate (der Anteil der geimpften Personen) in Deutschland für die Masern-Mumps-Röteln-Impfung bei der 1. Impfdosis zwar bei über 90 %, bei für einen vollständigen Schutz notwendigen Folgeimpfungen jedoch nur noch bei ca. 50 %. Für die Pharmakonzerne ist damit auch in einem relativ „durchgeimpften" Staat wie Deutschland noch ein erhebliches Umsatzpotential vorhanden. Nur 100.000 geimpfte Personen mehr pro Jahr bescheren einem Hersteller einen zusätzlichen Umsatz von 5 Millionen Euro.

Die Zahl der über Apotheken verkauften Arzneimittel insgesamt sinkt seit Jahren. Während es im Jahr 2000 noch 9.615 Präparate gab, die in der „Roten Liste", dem Arzneimittelverzeichnis für in Deutschland zugelassene Medikamente, aufgelistet waren, sind es für das Jahr 2008 nur noch 8.764 Präparate. Jeder Hersteller hat natürlich das Bestreben, in dieses Verzeichnis aufgenommen zu werden – angesichts sinkender Zahlen erhöht dies den Konkurrenzdruck. Berücksichtigt man außerdem die Tatsache, dass sich 90 % aller ärztlichen Verordnungen in Deutschland auf lediglich 1.850 der aufgelisteten Präparate beziehen, so steigt der Druck auf die Hersteller weiter. Denn die aufwendige Herstellung von Medikamenten, also auch Impfstoffen, lohnt sich finanziell nur dann, wenn auch große Mengen, das heißt möglichst Millionen Impfdosen pro Jahr, auf den Markt gebracht werden können. Angesichts der Entwicklung bei den Medikamenten im allgemeinen sind die Produzenten natürlich auch besonders bestrebt, die Herstellung der Impfstoffe noch kostengünstiger zu bewerkstelligen, um die Marge zu erhöhen. Dieses Szenario spricht aus Sicht der Hersteller natürlich weiter dafür, verstärkt auf menschliche Zellen für die Impfstoffproduktion zu setzen.

Die wahre Zukunft präsentiert eine Firma, die eine ganze Technologie aus einem einzigen abgetriebenen Kind entwickelt hat, das wahrscheinlich 1985 im Alter von 18 Wochen getötet wurde (die Angaben zum Zeitpunkt der Abtreibung sind widersprüchlich). Es handelt sich bei PER.C 6 um eine sogenannte „Designer-Zell-Linie". Die fötalen Zellen wurden mit Genen des Adenovirus 5 versehen und so präpariert, dass sie praktisch unendlich vermehrbar sind, genau das richtige für die Produktion von Medikamenten: auf

menschlicher Basis, also frei von Allergie- und Seuchengefahr, mit hervorragender Impfverträglichkeit und nachgewiesen besserer Immunisierung, und für die Massenproduktion geeignet, weil unendlich verfügbar. Nach Angaben
der Produktionsfirma eignen sich die Zellen neben der Verwendung zur Herstellung neuartiger Medikamente (siehe
Kapitel „Tausche Leben gegen Tod? – Transplantation und
Zelltherapie") hervorragend zur Produktion von Impfstoffen
gegen Ebola, Grippe, Malaria, Tuberkulose und Tollwut, die
diese Firma bereits selbst damit hergestellt hat.

Alle Rechte auf dieser Zell-Linie liegen bei der Firma selbst,
andere Firmen können aber Lizenzen für eigene Entwicklungen und Produktionen erwerben, was viele schon genutzt
haben. Im Bereich der Impfstoffe haben schon einige große
Pharmakonzerne solche Lizenzen erworben. Ein möglicher
Impfstoff gegen den HIV-Virus (den Aids-Erreger) ist mit
Billigung der amerikanischen Zulassungsbehörde FDA bereits im Teststadium, weitere 14 Impfprodukte anderer Firmen sollen sich ebenfalls schon in Testphasen befinden.
Besondere Vorteile der fötalen Zell-Linie liegen nach Angaben des Herstellers in der hervorragenden Produktions-
kapazität und in der Vermeidung von Gefahren, die durch
die Verwendung tierischer Zellen entstehen könnten („To
overcome limitations in production capacity (…) and safety
risks, associated with the use of animal-derived substra-
tes"; aus dem „Factsheet" zu dieser Technologie).

Umsatzsteigerungen durch Impfstoffe

Die finanziellen Aussichten der Pharmafirmen im Hinblick
auf Impfungen sind weltweit glänzend. Vor allem gegen

Grippe, HIV, Malaria und weitere Krankheiten besteht ein großer Bedarf an Impfungen, besonders in den bevölkerungsreichen und damit potentiell sehr gewinnträchtigen Ländern der „Dritten Welt" und in Schwellenländern, was von der Weltgesundheitsorganisation (WHO) massiv gefördert und gefordert wird.

Im letzten Winter gab die WHO eine dringende Empfehlung ab, sich gegen Grippe impfen zu lassen, speziell für Menschen über 60 wollte sie eine Durchimpfungsrate von 75 % erreichen. In bezug auf diese Altersklasse in Deutschland hätte das eine Gesamtsumme von deutlich über 15 Millionen Impfungen allein bei uns zur Folge. Eine Impfdosis eines neuen Grippe-Impfstoffes kostet im Handel ca. 28 Euro. Wenn nur jeder fünfte Impfling dieses Präparat nimmt, ergibt dies für den Hersteller dieses Präparates einen Umsatz von über 82 Millionen Euro in einem Winter. Übrigens wurde dieser neue Impfstoff gegen Grippe als erste Grippevakzine nicht auf Hühnerembryonen, sondern auf den Nierenzellen eines Hundes kultiviert, wiederum ein Beleg für vorhandene, erfolgreiche und umsatzstarke Alternativen zu fötalen Zellen.

Der „Global Fund to Fight Aids, Tuberculosis and Malaria" gab im Sommer 2008 bekannt, dass verschiedene Staaten in einem Gesamtvolumen von 6,4 Milliarden Dollar um Hilfe nachgesucht haben, um diese drei Krankheiten, Aids, Tuberkulose und Malaria, zu bekämpfen – hier wartet ein weiterer großer Markt in der „Dritten Welt" auf die Produzenten. Ein Hersteller schloss mit dem amerikanischen HHS (Department of Health and Human Services, das Gesundheitsministerium der Vereinigten Staaten) einen über fünf Jahre laufenden Vertrag über insgesamt 97 Millionen US-Dollar zur Entwicklung neuer, auf Gewebekulturen basierender Grippe-Impfstoffe ab. Der erste dieser Impfstoffe ist bereits in der Testphase, so dass der Hersteller, sobald das Präparat zugelassen ist, allein 300 Millionen Impfdosen pro Jahr an die US-Behörde liefern kann.

Da bei vielen großen Pharmafirmen die Impfsparte bisher einen geringen Anteil an allen produzierten Medikamenten ausmacht (etwa 5–10 %), sind für diese Firmen noch sehr hohe Steigerungsraten auf diesem Gebiet möglich. Aktuell haben fast alle großen Pharmakonzerne, die weltweit agieren, zwischen 10 und 20 Impfstoffe in der Entwicklungsphase. Davon werden, was Impfungen gegen Viren angeht, wahrscheinlich viele mit der Zell-Linie PER.C 6 hergestellt.

Was sind „Säugerzellen"?

Häufig findet man bei der Beschreibung der Viren-Kultivierung bei Impfstoffen den Begriff „Säugerzellen" oder „Säugetierzellen". Man könnte glauben, dass sich dieser Begriff ausschließlich auf tierische Zellen bezieht, aber es gibt viele Belege dafür, dass unter diesen Begriff mehr oder weniger versteckt auch humane/fötale/embryonale Zellen miterfasst sind. So gibt es eine schriftliche und im Internet nachlesbare Zusammenfassung eines „Mammalian Cell Substrate Classification Scheme" (Klassifizierungsschema von Säugetier-Zellsubstraten), verfasst von der japanischen Agentur für Pharmazie und medizinische Beratung (Pmda). Hier wird unterschieden zwischen Primärzellen (zum Beispiel Affenoder Hamsternieren), Kontinuierlichen Zell-Linien (zum Beispiel Tumorzellen von Menschen oder Tieren) und diploiden Zell-Linien („human and non human primate" / menschliche und nicht-menschliche Primaten) – unter der letzten Kategorie steht die Affennieren-Zell-Linie FRhL-2 neben WI-38 und MRC-5, ohne weiteren Kommentar oder weitere Unterteilung. Folglich fallen unter Primaten nicht nur Tiere, sondern offensichtlich auch Menschen, egal, ob adulte (erwachsene), fötale oder embryonale Menschen. Bei der Rubrik HIV wird die Zell-Linie 293ORF6 genannt, die ebenfalls aus fötalen Nierenzellen entwickelt wurde.

Der VFA schreibt in der bereits oben erwähnten Mitteilung über „Neue Methoden der Biotechnologie bei der Herstellung von Grippeimpfstoffen", dass die Produktion von Impfstoff in Zellkulturen eine „zweckmäßige Ergänzung" zur Kultivierung in Hühnerembryonen darstellt: „die spezialisierten Säugetierzellen werden aufgetaut, in einem Bioreaktor in Nährmedium eingerührt und vermehrt". Laut Tätigkeitsbericht zur Grippe-Impfstoffherstellung in Bioreaktoren der Max-Planck-Gesellschaft 2007 umfasst diese Kategorie zum Beispiel MDCK-Zellen (aus Hundenieren gewonnen), Vero-Zellen (Zellen von Affennieren) und PER.C6-Zellen (oben erwähnte Zellen eines abgetriebenen Kindes). Auch in diesem Tätigkeitsbericht werden sie unter dem Begriff „Säugerzellen" (englisch „mammalian cells") zusammengefasst. Dieselbe Beobachtung ergibt sich bei Prüfung der Begriffe „Humanzellen" und „Gewebekulturen" – es ist nicht erkennbar und es wird nicht differenziert, ob es sich um die Zellen von Erwachsenen, um die Zellen von Kindern oder um die Zellen von abgetriebenen Embryonen/Föten handelt.

So schleichen sich neben alten Euphemismen neue ein, um die wahre Herkunft von Impfstoffen zu verschleiern: die Zellen von Kindern, die durch eine Abtreibung getötet wurden.

„Nur wer erwachsen wird und ein Kind bleibt,
ist ein Mensch."

Erich Kästner

TAUSCHE LEBEN GEGEN TOD? – TRANSPLANTATION UND ZELLTHERAPIE

Ein grundlegendes Problem der Kinderverwerter ist der Mangel an Material in ausreichender Qualität und Quantität: „The main problem was the paucity of preparations of skin and placenta due to the lack of human fetal cadavers, so that only a limited number of patients could be so treated" („Das größte Problem war der Mangel an Haut- und Plazentapräparaten aufgrund des Fehlens von menschlichen fötalen Leichen, so dass nur eine begrenzte Anzahl von Patienten auf diese Weise behandelt werden konnte"). So schreibt die Bio-Cellullar Research Organization (BCRO) auf ihrer asiatischen Internetseite bei einer Versuchsreihe, in der Verbrennungen dritten Grades mit Hilfe von Zellen abgetriebener Kinder behandelt wurden. Eine Firma in der Schweiz vermarktet aus solchem Gewebe ein Zell-Lysat. Diese Zellkultur, die immer wieder vermehrt werden kann, wird inzwischen standardmäßig zur Behandlung von Verbrennungen eingesetzt. In der Zeitung „The Lancet" erschien darüber im August 2005 ein Bericht. Der „fetal donor" (fötaler Spender) im Alter von 14 Wochen wurde abgetrieben und dann verwertet, um Kinder mit schweren Verbrennungen zu behandeln. Aus diesem einen Kind könne man nach Aussage der Forscher „mehrere Millionen therapeutisch einsetzbare Hautkonstrukte in der Größe von neun bis zwölf Zentimetern" herstellen.

Bereits in den 1990er Jahren tat dies in großem Stile E. Michael Molnar, der nach eigener Aussage mittlerweile nur noch mit absolut reinsten Zuchtkaninchenzellen arbeitet, denn diese würden in eigenen Laboratorien seit vielen Jahren vollkommen steril und seuchenfrei gezüchtet. Das sah er selbst früher anders: In einer Veröffentlichung gemeinsam mit G. T. Sukhikh hieß es, die THFT (Transplantation of human fetal tissues) sei die Medizin des 21. Jahrhunderts. Sämtliche Organe und Teile von Föten könnten prinzipiell dafür verwendet werden, so würde bereits seit 1979 die Behandlung von Diabetes mellitus mit fötalen Geweben erfolgreich durchgeführt. Die Befürchtung eines Schwarzmarktes für Föten wischten die beiden Herren mit der in Moskau angeblich perfektionierten Spender-Regelung vom Tisch: eine Frau müsse immer für die Abtreibung bezahlen und zunächst der Abtreibung und danach der Organspende schriftlich zustimmen; der Verkauf von solchen Präparaten sei offiziell verboten („Transplantation of human fetal tissues – clinical and ethical aspects"). Ob die Herren utopisch, betrügerisch oder blauäugig dachten, mag dahingestellt bleiben, jedenfalls gibt es seit vielen Jahren immer wieder Berichte über Handel mit abgetriebenen Kindern. In den 1970er Jahren z. B. wurde öffentlich, dass Südkorea zwischen 1970 und 1976 abgetriebene Kinder für militärische Forschungszwecke an das US-amerikanische Verteidigungsministerium geliefert hatte, zum Preis von 25 Dollar pro Stück. Der frühere Abtreiber Abramovic aus Serbien berichtete über LKWs, die jahrelang abgetriebene Kinder über die jugoslawische Grenze ins Ausland transportierten.

Molnar hat schon mit vielen Transplantaten aus abgetriebenen Kindern gearbeitet, wie es seine Forschungsberichte vor allem aus den Jahren 1994 und 1995 zeigen. Er transplantierte fötale Hirnzellen in Kinder mit Down-Syndrom, behandelte Menschen, die an „Post-castration-Syndrome" leiden, mit fötalen Geweben, auch versuchte er sich an der Behandlung von verfrühter Menopause und Unfruchtbarkeit. Der deutsche Neuropathologe Walter kündigte 1996 an, Parkinson-Kranke mit Zellen aus abgetriebenen Kindern behandeln zu wollen – die Ethik-Kommission der Universität Hannover hatte dem Vorhaben zugestimmt (zitiert nach Braun, K.; Menschenwürde und Biomedizin, Frankfurt 2000, S. 97). Schon damals warnten viele Stimmen davor, daraus ein marktträchtiges, durchorganisiertes Geschäft zu machen: es sei „eine Medizin, die routiniert und sicher töten muss, um mit geringen Chancen helfen zu können" (E. K. Roloff, Rheinischer Merkur vom 20. September 1996).

Die Faszination der versuchten Organübertragung findet sich bereits in der Antike, mit Beginn des 20. Jahrhunderts wurde sie intensiv betrieben. Seit der ersten Lebendspende einer Niere 1954 in Boston und vor allem seit der ersten Herzverpflanzung 1967 entwickelte sich die Organspende rasant weiter, obwohl die ersten Ergebnisse mehr als ernüchternd waren: so überlebte der erste Empfänger einer Niere die Operation ein Jahr, der von Christian Barnaard operierte erste Herzempfänger sogar nur 18 Tage.

1968 wurde das Hirntodkriterium festgelegt, das die Entnahme bei Verstorbenen für eine Transplantation regeln sollte – bis heute steht dieses Kriterium aus medizinischen und ethischen Gründen in Frage. Ist der Hirntod wirklich der unabwendbare vollständige Tod des Menschen? Mehr und mehr gehen Transplanteure auch dazu über, „non-heart-beating-donors" (NHBD), Menschen, bei denen der Herzstillstand und nicht der Hirntod eingetreten ist, Organe zu entnehmen. Das ist weitaus schwieriger als bei hirntoten Spendern: je länger die Organe nicht mehr durchblutet werden, desto unbrauchbarer werden sie für die Weiterverwendung. Bei Hirntod ist das insofern kein Problem, als die Herz- und Kreislauffunktionen der Spender bis zur Organentnahme künstlich aufrechterhalten werden. Durch den Zwang, die Organe und Gewebe bei Herzstillstand möglichst schnell zu entnehmen, entsteht wiederum ein ethisches Problem, denn ein Herzstillstand kann durch eine Reanimation noch rückgängig gemacht werden, weshalb dieser Zustand als unabdingbares Todeskriterium eigentlich nicht tauglich ist. Bei Eurotransplant, der zentralen Registrierungsstelle für Transplantationen, gibt es eine Rubrik von 120 Spendern in den Niederlanden und 38 Spendern in Belgien, die nicht tot waren, sondern sich im Zustand des „awaiting heart arrest" befanden, des „erwarteten Herzstillstands". Belgien und die Niederlande sind beides Staaten, in denen die Euthanasie bereits legalisiert ist, auch bei für nicht lebensfähig erklärten Neugeborenen, auch bei Kindern und auch bei Menschen, die ihre Einwilligung nicht (mehr) selbst geben können. Innerhalb von zwei Jahren wurden in Belgien 25 Minderjährige durch Verabreichung lebensbeendender Mittel auf Intensivstationen getötet, bei weiteren 51 Kindern und Jugendlichen wurde die Behandlung eingestellt und nur noch schmerzstillende Mittel gegeben, die als Nebeneffekt auch das Leben der Patienten verkürzen können – obwohl das Euthanasie-Gesetz bisher eigentlich nur für Erwachsene gilt. Die Entscheidungen, ob Geräte abgeschaltet und welche Mittel verabreicht wurden, kamen laut Bericht der belgischen Zeitung im Regelfall von seiten der Ärzte.

Im September 2008 wurde ein Fall aus Denver (Colorado/ USA) bekannt, bei dem drei Säuglingen unmittelbar nach der Geburt das Herz entnommen wurde, um es drei anderen Säuglingen einzusetzen. Alle drei Spenderkinder starben nach dem Abschalten der lebenserhaltenden Maschinen an Herztod. Eines der Kinder wurde nach elfeinhalb Minuten für tot erklärt, die anderen beiden nach 16 bzw. 27,5 Minuten. Sofort danach (75 Sekunden bzw. drei Minuten nach Feststellung des Todes) wurden die Herzen entnommen, was bei einem Kind sehr knapp war, denn wenn ein Herz eine halbe Stunde lang nicht schlägt, sind die Organe und Gewebe in der Regel nicht mehr verwendbar. Alle drei Herzen schlagen inzwischen in drei anderen Säuglingen, die ohne eine solche Transplantation gestorben wären. Aus dieser Tatsache, dass eigentlich tote Herzen in anderen Menschen doch wieder zu schlagen beginnen, ziehen manche Fachleute den logischen Schluss, dass diese Herzen bei der Entnahme nicht tatsächlich tot gewesen sein können. In der Folge würde das bedeuten, dass die Kinder, denen diese Herzen entnommen wurden, letztendlich an der Entnahme ihrer Herzen gestorben sein könnten. Natürlich wurde auch der Versuch einer Reanimation unterlassen, weil die Maschinen mit dem Ziel abgeschaltet wurden, die Kinder sterbenzulassen und schnellstmöglich danach die Herzen zu entnehmen. Der Fall veranschaulicht, wie schwierig es ist, einen Sterbeprozess klar von einem tatsächlich eingetretenen Tod zu unterscheiden.

Bei Föten ist das Problem noch tiefgehender: hier werden als medizinische Todeskriterien das Fehlen von Spontanatmung und Herzschlag festgelegt, benötigt wird aber auch hier lebendes Gewebe, was dazu führt, dass Vivisektionen, also das Ausschlachten noch lebender Kinder, zumindest nicht auszuschließen sind – über eine Anästhesie vor der Organ- und Gewebeentnahme denkt bei abgetriebenen Kindern ohnehin niemand nach.

Nichtsdestoweniger fordern viele Mediziner wie zum Beispiel Franklin Miller vom US-amerikanischen National Institute of Health, durch die Nutzung der NHDB die Zahl der Organspenden zu erhöhen. Auch moralischer Druck auf Angehörige wird ausgeübt. In einem Faltblatt der C.D.E. Trasplantados de Castilla-La Mancha in Spanien, dem Land mit der höchsten Organspendebereitschaft in Europa, heißt es (in deutscher Übersetzung): „Wenn (...) ein Arzt von dir die Spende eines verstorbenen Angehörigen erbittet, zögere nicht, von deiner Großzügigkeit hängt das Leben anderer Menschen ab."

Spenderorgane sind Mangelware

Trotz professioneller Organisation, Vorbereitung und Verwaltung der Transplantation (ohne Einbezug abgetriebener Kinder, die nicht als Spender bei Eurotransplant registriert sind) gibt es eine große Diskrepanz zwischen der Zahl an Spendern und potentiellen Empfängern. Auf der aktuellen Warteliste von Eurotransplant stehen für eine Herztransplantation 933 Personen, für Niere 10.910, für Leber 2.351, für Lunge 849 und für Bauchspeicheldrüse (Pankreas) 43 Personen. In einem Jahr sind etwa 1.100 Menschen gestorben, die auf der Warteliste für Niere, Herz oder Leber standen. Seit vielen Jahren klagen Transplantations-Kongresse über die unzulängliche Nutzung der hirntoten Spender und den Mangel an Spendern überhaupt.

In den USA gibt es noch eklatantere Zahlen: allein 5 Millionen Menschen leiden an Herzinsuffizienz, jährlich kommen 550.000 neue Patienten hinzu. Die einzige Möglichkeit bei Herzinsuffizienz im Endstadium (55.000 direkte Todesfälle pro Jahr) ist die Transplantation – zur Verfügung stehen aber weniger als 2.500 Organe jährlich. Doch Abhilfe ist in Sicht: Im Jahr 2005 erschien ein Bericht über die erste erfolgreich durchgeführte Studie an Patienten mit Herzinsuffizienz in Guayaquil/Ecuador, in dem Bericht heißt es: „Die (...) Stammzellen wurden aus fötalem Gewebe gewonnen, das von Spendern außerhalb der USA stammte, die rechtswirksam eingewilligt haben, nicht vergütet wurden und Extrauterinschwangerschaften, freiwillige Abtreibungen bzw. spontane Fehlgeburten hinter sich hatten." Da medizinisch nur ein sehr geringer Anteil von Extrauterinschwangerschaften und Fehlgeburten verwendet werden kann – die Gefahr von Fehlbildungen, Krankheiten, Chromosomenstörungen etc. ist hier wesentlich höher –, stammen die meisten Zellen folglich wohl aus Abtreibungen. Das Resultat der Studie ist vielversprechend: nach 30 Tagen lag, neben anderen positiven Auswirkungen, die durchschnittliche Verbesserung der Herzpumpleistung bei 41 %. Der Leiter des auf Barbados sitzenden Institutes, das seit 2004 solche Therapien anbietet und auch diese Studie förderte, kündigte an, dass weitere solcher Studien „zu Diabetes, neurologischen Krankheiten, Rückenmarksverletzungen und anderen Erkrankungen beginnen". Schon vorher wurden die Zellen abgetriebener Kinder für die Behandlung von Diabetes mellitus, Immunsystemerkrankungen, neurologischen und Augenerkrankungen eingesetzt. Hinzu kommen bereits vorhandene und/oder geplante Behandlungen bei Aids, akuter Leukämie oder Multipler Sklerose. Im März 2005 erschien in der „Moscow Times" ein Bericht, nach dem eine Frau für die Behandlung von Multipler Sklerose mit fötalen Stammzellen in Moskau 20.000 Dollar bezahlt hätte, ohne dass die Behandlung Wirkung gezeigt hätte. Nach Berichten aus England haben sich Russland und die Ukraine als besonders fruchtbare Exportländer für abgetriebene Kinder etabliert, um diese Einrichtungen mit Nachschub zu versorgen. An einem im letzten Schwangerschaftsdrittel in der Ukraine abgetriebenen Kind kann man durch vor allem kosmetische Verwendung nach Schätzungen bis zu 17.000 Dollar verdienen.

Bei der Recherche nach Transplantationen mit Organen und Geweben abgetriebener Spender wird man auch in

Deutschland fündig: Guido Nikkhah, der seit Jahrzehnten auf diesem Gebiet und mittlerweile in Freiburg tätig ist, hat soeben 16 Patienten, die an Chorea Huntington (Veitstanz) leiden, behandelt: sie erhielten Progenitor-Zellen (sogenannte „Vorläuferzellen") aus den Gehirnen von abgetriebenen Kindern. Auch die Behandlung von Parkinson, im Ausland seit Jahren mit sehr unterschiedlichem Erfolg durchgeführt, steht auf der Agenda des Freiburgers. Natürlich nach strengen Richtlinien – Transplantationsangebote gegen Bezahlung, wie sie der Maler Jörg Immendorff in China angenommen hatte, um mit zwei Millionen Gehirnzellen von abgetriebenen Kindern seine Amyotrophe Lateralsklerose behandeln zu lassen, lehnt er ab. „Die Neurotransplantation (...) befindet sich zurzeit in der experimentellen Phase und sollte wissenschaftlich streng überwacht werden." Finanzielle Unterstützung für seine Vorhaben erhält Guido Nikkhah durch die Deutsche Forschungsgemeinschaft, das Bundesministerium für Bildung und Forschung, die Deutsche Parkinson Vereinigung und die Universität Freiburg (Focus-Online, 18.8.2008). Jede Behandlung kostet ein paar Tausend Euro. Preislich könnte man sie in etwa vergleichen mit einer Behandlung von Multipler Sklerose durch autologe, also patienteneigene Stammzellen, die etwa 8.000 Euro kostet. Solche Behandlungen sind offenbar nicht außergewöhnlich: seit Jahren findet sich auf dem Formular, welches man bei Blutspenden ausfüllen muss, neben vielen Fragen zu Schwangerschaften, Krankheiten oder Unfällen auch die folgende, bei Bedarf anzukreuzende Rubrik: „Übertragung von Gewebe menschlichen oder tierischen Ursprungs (insbesondere Hirnhaut, Hornhaut, Frischzellen u. ä.)".

Mittlerweile werden von den toten Kindern nicht nur ganze Organe, sondern auch Gewebeteile verwendet und verwertet, neben Nieren, Leber, Thymus, Pankreas, Lymphdrüsen und Haut auch Knochen, Knorpel, Hornhaut, außerdem die Vorhaut bei Jungen und Eizellen und Eierstöcke bei Mädchen. Insgesamt hat die Zahl der transplantierten Gewebe die Zahl an Organen mittlerweile klar überholt: „Zum Einsatz in den Kliniken kommen derzeit Augenhornhäute, Herzklappe, Blutgefäße, Knochen, Haut und Leberzellen" (Pressemitteilung der Medizinischen Hochschule Hannover vom 31. Juli 2007). Das Verhältnis Organe/Gewebe liegt bei 4.500 zu mehreren Zehntausend. Auf neuen Organspende-Ausweisen ist seit April 2008 ausdrücklich der Begriff „Organ- und Gewebespende" vermerkt. Eine Zeitung bezifferte 2004 den Wert eines nach Hirntod komplett ausgeschlachteten erwachsenen Körpers auf bis zu 250.000 Euro.

Unterstützend tätig ist hier das neue Gewebegesetz, worin auch die Entnahme von embryonalen und fötalen Organen und Geweben geregelt ist. Bei einer Abtreibung soll die Mutter erst nach Feststellung des Todes ihres Kindes gefragt werden, ob sie der Organ- und/oder Gewebe-Spende zustimmt. Das ist insofern realitätsfern, als die Vorbereitungen für die Entnahme von Gewebe weit vor der Entnahme getroffen werden müssen und das ganze schnell geschehen muss, um die Nutzbarkeit des Gewebes zu erhalten. Und inwieweit man von einer freien Entscheidung der Mutter unter Zeitdruck und unter dem Eindruck eines für sie sehr belastenden Eingriffs sprechen kann, ist eine Frage, die sich das Gesetz nicht stellt.

Die Bandbreite der gewinnbringenden Zukunftsaussichten in Sachen Transplantation läßt sich bei einem Blick in die „Roadmap 2007", die Veröffentlichung des Gesundheitsforschungsrates des zuständigen Bundesforschungsministeriums, erahnen. Trotz des Hinweises, dass Deutschland in der Forschung mit embryonalen Stammzellen „aufgrund der gesetzlichen Einschränkungen bislang nicht zu den Spitzenstandorten" zählt, beziehen sich mindestens zwei von fünf

Literaturhinweisen mit auf diese Forschung. In den Jahren 2000–2005 erhielten die geförderten Institute insgesamt 14,7 Millionen Euro für „Charakterisierung und Regulation von zirkulierenden und gewebeständigen Stammzellen" (verteilt auf 2 Forschergruppen), 4 Millionen für „Tissue Engineering" (4 Forschergruppen; zur Klärung des Begriffs siehe weiter unten), 2,3 Millionen Euro für den „Therapeutischen Nutzen von Stammzellen" (hier ist als Zahl der Forschergruppen eine 0 angegeben) und 9,7 Millionen Euro für die „Optimierung und Verfügbarkeit und der Funktion von Spenderorganen" (auch hier eine 0), weitere 31,2 Millionen für „Therapeutisch einsetzbare molekulare Zielstrukturen". In allen diesen Bereichen wird selbstverständlich stillschweigend auch die Forschung und Entwicklung mit embryonalen und fötalen Zellen eingeschlossen. In der Erläuterung für die mit 8,3 Millionen Euro geförderten „Apparativen Organunterstützungs- und Ersatzverfahren" ist zu lesen: „Ziel ist die Verbesserung und Entwicklung von Organunterstützungs- und Ersatzverfahren für Lunge, Herz und Niere durch Optimierung der Biokompatibilität des apparativen Organersatzes mithilfe der Zellbesiedelung und durch die Herstellung körpereigener Prothesen aus embryonalen Stammzellen" (Text aus Roadmap 2007).

Generell spielt immer der Mangel an geeigneten Spendern, gleich welcher Herkunft, eine Rolle, in China kommt der Mangel an Insulin zur Behandlung von Diabetes-Patienten hinzu, was der Forschung mit fötalen Zellen, von denen es in China genug gibt, zusätzliche Motivation verschafft. In Bath/England bewegte die Suche nach geeignetem Material den Forscher Jonathan Slack dazu, Froschembryonen ohne Kopf her- und dann festzustellen, „im Prinzip könne man das Verfahren auch nutzen, um menschliche Embryonen zu züchten, die keinen Kopf, wohl aber die für Transplantationen benötigten Organe hätten. Lebern, Nieren oder andere

Organe kopfloser Gebilde hätten den Vorteil, dass sie vom Empfänger nicht so leicht abgestoßen würden" (Frankfurter Allgemeine Zeitung vom 23. Oktober 1997).

Institute mit Erfahrung
in der Verwendung von abgetriebenen Kindern

Auf die Transplantation fötaler Zellen spezialisiert hat sich EmCell in der Ukraine, seit vielen Jahren einer der Marktführer. Dessen Leiter Alexander Smykodub gilt als Experte und war z. B. als Redner auf einem europäischen Kongress („Anti-Aging und ästhetische Medizin") in Düsseldorf eingeladen, mit dem Thema: „Embryonale Stammzellen in vivo bei der Anti-Aging Behandlung." Die Grenzen zwischen Medizin und Kosmetik beginnen zu fließen, wie auch bei E. Michael Molnar festzustellen ist, der ein Buch mit dem Titel „Forever young" geschrieben hat. Smykodubs bisher erworbene Patente mit „fötalen Zellsuspensionen" sind zahlreich vor allem für die Behandlung von AIDS (Patent in den USA 2001, in der Ukraine 1994, in Griechenland 1998) und Diabetes mellitus (Patent in der Ukraine 1994, in Griechenland 1998, in Russland 1999). Mit „embryonal" meint er (das ist das Ergebnis der lausig übersetzten deutschen Version der Internetseite) fötal, also aus abgetriebenen Kindern stammend. Freundlicherweise gibt er auf der Seite selbst den Hinweis auf die Zukunft und die zu erhoffende Materialfülle, indem er A. Fine der Universität Halifax zitiert, der in der Zeitschrift „Zelltransplantologie" (März-April 1994, eigene Übersetzung) schreibt: „Ungelöst bleiben wichtige Probleme, die den Erhalt, die Verteilung und Anwendung von menschlichen fötalen Leichengeweben sowie die Einwirkung der Anwendung dieses Materials zu medizinischen

Zwecken auf die Häufigkeit der Abtreibungen anbetreffen. Als Beginn bei der Lösung dieser Probleme kann die Entwicklung und Verwirklichung von entsprechenden Empfehlungen zu Gesetzesänderungen angesehen werden, die auf Beseitigung der vorhandenen ‚Hürden‘, sowie auch auf die Legalisierung der Forschungen und klinischer Praxis mit fötalen Geweben gerichtet sind." Darauf läuft es bei solchen Projekten hinaus: es ist eine Frage der Beschaffung, der Organisation und der möglichst legalen Verwendung.

Bereits in den 1980er Jahren schätzte man in den USA das Marktpotential dieser Branche auf 3 Milliarden US-Dollar pro Jahr. Welche Verdienstmöglichkeiten und „Lieferengpässe" sich auftun, lässt sich am Beispiel der Parkinson-Krankheit anschaulich darstellen. In Deutschland gibt es 15.000 Neuerkrankungen pro Jahr. Für die Behandlung eines Parkinson-Patienten benötigt man mehrere Föten (der Stammzellforscher Brüstle nennt 1–3 „Spender", die FAZ 5–6, andere Forscher 12–15), weil lediglich 10–15 % des transplantierten Gewebes überhaupt im Empfänger überleben können. Für alle neuen zu behandelnden Patienten bräuchte man demnach nur in Deutschland mindestens 90.000 abgetriebene Kinder zwischen der 6. und 12. Schwangerschaftswoche – die offizielle Statistik nennt jährlich um die 115.000 Abtreibungen, der Engpass wäre also schon allein bei der konsequenten Behandlung aller jährlichen Neuerkrankten bei einer einzigen Krankheit vorprogrammiert, noch ungeachtet der Patienten, die schon länger an dieser Krankheit leiden und sicherlich auch behandelt werden möchten. Eine Parkinson-Behandlung mit fötalem Gewebe kostet in den USA ca. 15.000 US-Dollar, auch in Kiew, wo man solche Behandlungen problemlos erhalten kann, zahlt man für vier Injektionen diesen Betrag. Bei 15.000 Neuerkrankungen in Deutschland tun sich hier ganz neue Verdienstquellen auf: Wenn eine Behandlung nur 10.000 Euro kostet, ergibt das ein Umsatzvolumen von jährlich 150 Millionen Euro an möglichen Einnahmen durch Parkinson-Behandlungen. Besonders pikant sind diese Berechnungen, wenn man sie mit der demographischen Entwicklung in Deutschland in Zusammenhang bringt: Der Anteil der über 65jährigen in Deutschland wird von 20,1 % im Jahr 2008 auf 30,2 % bis 2050 ansteigen. Bereits heute registriert man 1,1 Millionen Erkrankungen im Bereich der Demenz, weitere 200.000 Erkrankte kommen jährlich hinzu. Darauf will sich die Pharma- und Gesundheitsindustrie rechtzeitig einstellen, da ja andere Märkte, die sich auf jüngeres Publikum oder Kinder spezialisiert haben, gleichzeitig wegbrechen werden. Eine Behandlung all dieser älteren Patienten, die an Demenzerkrankungen leiden, mit den Zellen von abgetriebenen Kindern könnte solche Umsatzverluste mehr als ausgleichen.

Molnar arbeitet, wie oben erwähnt, in Osteuropa nur noch mit Kaninchen – eine Methode, die man früher Frischzellentherapie nannte. Heute nimmt man lieber den Begriff Zelltherapie, weil die Frischzellen in Verruf geraten sind (nach mehreren Todesfällen wurde die Frischzellenkur zwischen 1997 und 2000 verboten). Die Patienten werden mit Schafpräparaten erfrischt, mit Teilen von Rindern, Schweinen oder eben Kaninchen. Einer solchen Verjüngungskur, bei der vor allem embryonale Zellen der Tiere reine Jungbrunnen-Wunder verursachen sollten, haben sich viele Prominente unterzogen, alle beim Begründer der Frischzellentherapie, Paul Niehans. In Deutschland scheinen Zelltherapien sich tatsächlich aus tierischen Quellen zu rekrutieren, während im bereits genannten Institut auf Barbados solche Kuren mit menschlichem fötalem Gewebe angeboten werden. Dennoch gibt es immerhin Hinweise auf die Verwendung auch fötaler Zellen bei deutschen Frischzellexperten, wenn ein in der Tradition von Niehans arbeitender Mediziner, Dr.

Johann Georg Schnitzler, erklärt: „Bei Diabetes Typ I sind embryonale Zellen von Schafen leider weniger wirksam; aber mit menschlichen embryonalen Zellen lässt sich Diabetes Typ I ausheilen." In seiner Erläuterung empfiehlt er grundsätzlich die Zellen von Schafen und Embryonen gleichermaßen, weist dabei aber wenigstens darauf hin, dass embryonale Zellen nicht nur aus Embryonen selbst, sondern auch aus der Nabelschnur gewonnen werden können. Eine weitere Vermischung von Begriffen, die auch in anderen Bereichen wie der Kosmetik festzustellen ist. „Verdächtig" ist auch, dass manche Institute mit Nachdruck darauf verweisen, dass sie ausschließlich adulte, patienteneigene Zellen für ihre Therapien verwenden und keinesfalls embryonale oder fötale Zellen – diese Art von Beteuerungen wäre nicht nötig, wenn alle deutschen Einrichtungen, die solche Zellkuren durchführen, ausschließlich solche ethisch unbedenklichen Zellen verwenden würden.

Verschleierung und Verharmlosung

Fast die gesamte Fach- und Forschungsliteratur zu all diesen Themen ist in englischer Sprache verfasst und lässt die Herkunft der Forschungsmaterialien häufig im schwammigen Dunkel, die klaren Abgrenzungen zwischen tierischen und menschlichen Zellen werden gerne verwässert, manchmal sogar so sehr, dass man als Laie kaum eine Möglichkeit hat, die Herkunft selbst nachzuprüfen. So lässt folgendes Zitat aus der Internetseite der anfangs genannten BCRO Asien aufhorchen: „Human embryonic stem cells cannot survive in laboratory conditions except by being grown on a ‚feeder' layer of mouse cells, for which reason U.S. FDA classifies them as ‚xeno-transplants', i. e. of animal origin"

„Menschliche embryonale Stammzellen können unter Laborbedingungen nicht überleben, außer wenn sie auf einer Art ‚Nähr'-Schicht aus Mäusezellen gezüchtet wurden. Aus diesem Grund klassifiziert die US-amerikanische FDA sie als Xeno-Transplantate, d. h. tierischen Ursprungs"). Eine solche Aussage hieße konkret, dass weit mehr Transplantate, die offiziell in den USA als Xenotransplantate deklariert sind, aus Abtreibungen oder aus getöteten Embryonen stammen könnten.

Normalerweise wird in Deutschland unterschieden zwischen autologen Präparaten (aus dem Körper des Patienten selbst), allogenen Präparaten (von derselben Gattung, also Mensch) und Xenotransplantaten (artfremd, also von Tier zu Mensch oder umgekehrt), wobei die allogenen Präparate nicht weiter im Hinblick auf die Spender unterschieden werden. Es findet sich zwar der Hinweis „human", aber keine weitere Erläuterung darüber, ob embryonal, fötal oder adult.

Das passt auch zu weiteren, auffälligen Methoden der Verwendung von Euphemismen, von Begriffen, die den wahren Sachverhalt beschönigen oder verschleiern sollen. Man spricht von „Präembryonen" – so werden Kinder vor der Einnistung in die Gebärmutter bezeichnet, der Begriff „Prä-" weist aber sprachlich eigentlich darauf hin, dass es sich noch gar nicht um Menschen handelt, sondern um ein vormenschliches und damit ethisch unbedenklicheres Stadium. Man schreibt über „neuronale Progenitor-Zellen", verschweigt aber dabei, dass damit embryonale Stammzellen gemeint sind. Zellen und Gewebe werden „geerntet" (englisch: harvested, im Fachjargon auch „fetal farming" genannt) wie auf einer Plantage.

Auf diese Art und Weise hat man als Nicht-Fachmann keine Möglichkeiten, auf Anhieb zu erkennen, ob es sich um abgetriebene Kinder, getötete Embryonen oder vielleicht tierische oder adulte Zellen handelt, die hier verwendet werden.

Menschliche oder tierische Zellen?

Widersprüchlich sind die Argumente für und wider die Verwendung von embryonalen/fötalen oder tierischen Zellen, ähnlich wie bei den Impfstoffen. Im Vergleich zu Xenotransplantationen werden als Vorteile der menschlichen fötalen Präparate vor allem genannt: keine immunologische Reaktion, leichter zu kultivieren, bessere Vermehrung, großes Wachstumspotential, Anpassungsfähigkeit, bessere Verträglichkeit bei Sauerstoffmangel, leichtere Transplantierbarkeit. Man könne auf die Immunosuppression verzichten – diese Immunosuppression spielte bisher bei der Transplantationsmedizin eine tragende Rolle: wenn ein Mensch fremde Organe erhält, bildet sein Körper als normale Reaktion Antikörper dagegen, weil er die übertragenen Organe und Gewebe als fremd erkennt. Um eine Abstoßung des neuen Organs zu verhindern, muss er meist lebenslang starke Medikamente gegen diese Abwehrreaktion des Körpers einnehmen. Andere Mediziner verweisen bei tierischen Zellen darauf, dass es, vor allem bei der Verwendung fötaler tierischer Zellen, kaum Abstoßungs-Reaktionen gebe. Auch die Seuchengefahr bei der Übertragung von tierischen Zellen, früher eines der größten Hindernisse, sei mittlerweile gebannt, außerdem gebe es Präparate, bei denen die tierischen Eiweiße praktisch vollständig entfernt und damit allergische Reaktionen ebenfalls fast ausgeschlossen seien. Schon länger wird in diesem Bereich unter anderem versucht, die Organe von Schweinen für die Transplantation in den Menschen nutzbar zu machen.

Ein Organ-Markt aus Föten?

Die Verwendung von Geweben, Organen und Zellen abgetriebener Kinder hat sich in vielen Staaten der Welt über die Jahre etabliert, zur Behandlung von Herzinsuffizienz ebenso wie von Krankheiten wie Parkinson, Diabetes mellitus, Immunsystemerkrankungen, Rückenmarksverletzungen. In Einrichtungen wie dem genannten Institut auf Barbados, der Firma in Kiew oder chinesischen Institutionen wird offen mit der Frische der fötalen menschlichen Zellen und den phantastischen Erfolgen geworben, die damit zu erzielen seien. Konsequenterweise gab es im März 2009 einen ganz neuen Vorstoß, der die Dimensionen der kommerziellen Nutzung abgetriebener Kinder sprengen könnte:

Unter der Überschrift „Are We Ready for a Market in Fetal Organs?" („Sind wir bereit für einen fötalen Organ-Markt?") beschäftigt sich ein Journalist in einem am 17. März 2009 in „The Huffington Post" erschienenen Artikel mit dem Vorschlag von Professor Richard Gardner (Universität Oxford/ England), abgetriebene Kinder serienmäßig für Organtransplantationen auszuschlachten. Vor allem für Nieren sei dies, so der Professor, ein lukrativer und erfolgversprechender Ansatz, denn fötale Nieren würden sich, so habe der Tierversuch gezeigt, sehr schnell in erwachsenen Körpern entwickeln. Der Autor des Textes, Jacob M. Appel, findet diese Idee ganz offensichtlich faszinierend. So könnten zum Beispiel schwangere Frauen, die fötale Nieren liefern, dies wiederholt tun, ohne die medizinischen Konsequenzen, die man zu tragen habe, wenn man als Erwachsener ein Organ verliere. Wenn nur ein kleiner Prozentsatz der Frauen davon überzeugt werden könnte, seine Föten so lange auszutragen, bis sie für eine Transplantation weit genug entwickelt seien, könnte die Gesellschaft „signifikante Vorteile für die öffentliche Gesundheit" verwirklichen. Die berechtigte Annahme des Autors, dass durch eine bezahlte Fötenspende auch die Abtreibungszahlen steigen könnten, kontert er mit dem Argument, aus der Prozedur der Abtreibung ergebe sich für die Frauen ein gewisser Trost dadurch, dass sie einen zusätzlichen sozialen Nutzen habe. Er gibt auch zu, dass „diejenigen, die glauben, dass das menschliche Leben mit der Empfängnis beginnt", einen solchen Markt niemals für „wünschenswert" halten werden. „Aber für diejenigen von uns, mich selbst eingeschlossen, die ernsthaft glauben, dass das menschliche Leben im Wachstumsprozess viel später beginnt", sei es eine moralische Pflicht, die Legalisierung der fötalen Organspende zu erwägen. Denn die Gesellschaft sollte die wirtschaftliche Freiheit der Frau ebensowenig beschränken wie ihre reproduktive Freiheit. Ein solcher Markt würde Frauen dazu befähigen, ihre reproduktiven Fähigkeiten zu ihrem eigenen ökonomischen Vorteil zu nutzen. Als Zukunftsvision stellt Jacob M. Appel sich eine künstliche Gebärmutter vor, in der Föten zur Gewinnung ihrer Organe gezüchtet werden sollen.

In den USA warten jährlich etwa 70.000 Patienten auf eine neue Niere, ein Markt, der durch abgetriebene Kinder zahlenmäßig problemlos gesättigt werden könnte. Zur Veranschaulichung der Einnahmen, die die zur Zeit nicht immer gut belegten Krankenhäuser durch Nierentransplantationen erzielen könnten, hier ein Beispiel: Durch eine einzige Nierentransplantation entstehen in Deutschland in den ersten beiden Jahren nach der Transplantation Kosten für Klinikaufenthalte in Höhe von knapp 16.500 Euro. Momentan werden pro Jahr ungefähr 850 Nieren übertragen. Könnte man diese Zahl nur vervierfachen (es stehen genügend potentielle Empfänger auf der Warteliste), hieße das für die Krankenhäuser zusätzliche Einnahmen von 42 Millionen Euro pro Jahr. Weitere Einnahmen ergeben sich aus Diagnosen/ambulante Kosten/Labor (12,5 Millionen Euro), Einnahmen für Apotheken und Pharma-Konzerne (11,4 Millionen Euro) und Einnahmen durch notwendige Dialysen (14,5 Millionen Euro). Ein Wermutstropfen für diejenigen Pharmakonzerne, die Immunosuppressions-Medikamente herstellen, wäre allerdings dabei: zur Zeit werden in Deutschland pro Jahr über 420.000 Packungen solcher Medikamente verkauft, mit einem Gesamtumsatz von 72,54 Millionen Euro – wenn durch die Verwendung von fötalen Nieren solche Medikamente wirklich nicht mehr benötigt würden, resultierte dies für die Hersteller in einen großen Gewinneinbruch, für die Krankenkassen pro Patient aber in eine Entlastung von fast 20.000 Euro pro Patient, bei 2.550 zusätzlichen nierentransplantierten Patienten pro Jahr also insgesamt 51 Millionen Euro weniger an Belastung des Gesundheitssystems (zugrunde liegende Zahlen aus: Transplantationsmedizin, 2007, 19. Jahrgang, S. 85).

„An dem Tag, an dem wir voller Überzeugung sagen können, dass alle Kinder dieser Welt unsere Kinder sind, beginnt der Friede auf Erden."

Hermann Gmeiner

ZUKUNFT „AUS KINDERN" STATT „MIT KINDERN"? – NEUE MEDIZINISCHE MÖGLICHKEITEN

Der neue Wunderbegriff, der vor allem Gewebestücke nutzt, heißt Regenerative Medizin, so nennt sich auch eine breit angelegte und vielfältig geförderte Initiative in Berlin. Das geschätzte Potential der Markt-Möglichkeiten liegt für das Jahr 2012 bei weltweit 160 Milliarden Euro. Deutschland steht hinter den USA an zweiter Stelle, was die Zahl der in diesem Bereich tätigen Unternehmen angeht.

Ein wichtiger Posten dabei sind „Tissue Engineering" und Biohybridorgane, die als Alternativen zur Transplantation entwickelt werden. Beim „Tissue Engineering" werden Körperzellen auf geeigneten Materialien in einem Bioreaktor vermehrt, bis sie eine bestimmte Größe erreicht haben und transplantiert werden können. So können geschädigte Nervenzellen des zentralen Nervensystems eventuell mit solchen Präparaten regeneriert werden, besonders vielversprechend sind diese Gewebe für die Regeneration von Haut, Muskelgewebe, Knochen, Hüft- und Kniegelenken sowie bei Blutgefäßen, Herzklappe, Leber- und Bauchspeicheldrüsengewebe. Die Zellen, die für die Züchtung der Gewebe benötigt werden, können aus unterschiedlichen Quellen stammen: aus patienteneigenen Geweben, von toten oder lebenden Spendern und – aus embryonalen oder fötalen Geweben.

Biohybridorgane sind eine Mischung aus Organzellen und künstlichen Trägermaterialien mit Membranen, die Teile eines Organs ersetzen sollen. Bei beiden Möglichkeiten kann man Zellen des Patienten selbst oder Spenderzellen verwenden – die Spenderzellen stammen entweder von lebenden Organspendern (so kann man Nieren oder kleine Leberstückchen spenden), von für hirntot erklärten Spendern oder von abgetriebenen Kindern, neuerdings auch von embryonalen Stammzell-„Spendern". Generell werden bei den Beschreibungen der phantastischen Möglichkeiten keinerlei Abgrenzungen vorgenommen, alle Spendervarianten stehen unkommentiert und gleichwertig nebeneinander, wie zum Beispiel bei der Forschungsgruppe Experimentelle Chirurgie der Charité: „Mit geegneten [sic!] biotechnologische [sic!] Verfahren wurde bereits funktionelles Lebergewebe in vitro aus fetalen und adulten Leberprogenitorzellen hergestellt." Die Marktvermutungen liegen ebenfalls bei mehreren Milliarden Euro, ganze Unternehmen widmen sich der Herstellung von Bioreaktoren, Trägermaterialien, Membranen etc., um die Branche mit den nötigen Geräten und Hilfsmitteln zu versorgen – an abgetriebenen Kindern herrscht anscheinend weder in der Charité noch am Universitätsklinikum Freiburg Mangel, ethische Bedenken werden in keiner der Veröffentlichungen angesprochen.

Neue Verdienstquellen ergeben sich aus neuartigen Medikamenten und Behandlungsmethoden, hierunter zählen zum Beispiel:

Biologische Response-Modifier

Mit dieser Methode wird versucht, die biologischen Reaktionen des Körpers so zu verändern, dass sie einen therapeutischen, also heilenden Effekt bei schweren Krankheiten bewirken können. Hierzu nimmt man sogenanntes Zytoplasma, Zellkörper, die keinen Zellkern mehr haben, darin befinden sich Proteine und Peptide, die für Zellen im allgemeinen von großer Bedeutung sind. Sie werden standardmäßig zum Beispiel bei Krebserkrankungen eingesetzt und enthalten, unter anderem, „Auszüge aus dem Zytoplasma fötalen Gewebes wie Plazenta, Nabelschnur, Zirbeldrüse, Keimdrüsen, Leber, Bauchspeicheldrüse, Milz, Nieren, Nebennierendrüsen, Schilddrüsen und anderen." So beschreibt es ein medizinisches Zentrum. Auch hier fällt die Verwischung der Begriffe unmittelbar ins Auge: ethisch unbedenkliche Teile wie Plazenta oder Nabelschnur werden genauso als „fötal" bezeichnet (mit Berechtigung, weil in diesen Teilen tatsächlich auch Zellen des Kindes vorhanden sind) wie die anderen hier genannten und verwerteten Teile des Kindes selbst.

Monoklonale Antikörper/Immunglobuline

Diese machen schon jetzt einen Anteil von 12 % am Apothekenumsatz gentechnisch hergestellter Arzneimittel aus. Antikörper spielen eine wichtige Rolle in der Therapie von Autoimmunerkrankungen, bei Diagnoseverfahren, Krebsbehandlung und Transplantation oder für die Behandlung von Kindern, die an Blutplättchenmangel leiden. Die Gewinnung war bisher nur im aufwendigen und für die Versuchstiere quälerischen Tiereinsatz möglich. Man spritzte Mäusen Zellen in die Bauchhöhle, die eine Aszites, eine Bauchwassersucht, auslösten, danach bekamen sie eine weitere Injektion aus Krebszellen. Die sich daraufhin bildenden Antikörper wurden den Mäusen dann wieder entnommen. Tierschützer freuten sich, als diese Tierversuchs-Methode ersetzt wurde. Die modernste Version der Herstellung, um die Mäuse zu retten, ist die Nutzung von fötalen Zell-Linien, die von einer Firma in den Niederlanden zu einer ganzen Technologie entwickelt worden ist. Eine deutsche Firma hat diese Lizenz erworben und produziert Antikörper mit den

Zellen eines abgetriebenen Kindes. Der Vorteil dieser „humanen Antikörper" (es gibt keinen Verweis auf die echte, nämlich fötale Herkunft der Zell-Linie) liegt nach Auskunft des Unternehmens darin, keinerlei Nebenwirkungen oder Abwehrreaktionen hervorzurufen. Frühere Generationen der Antikörper, die immer noch zwischen 10 % und 30 % an Maus-Proteinen enthielten, boten diese Gewähr nicht, es gab zum Teil sogar lebensbedrohliche Komplikationen bei Versuchspersonen. Seit Ende der 1990er Jahre wurde versucht, die Mäuse (in-vivo-Produktion) durch Reagenzgläser (in-vitro-Produktion) zu ersetzen, zunächst mit Mäusezellen, die möglichst humanisiert wurden, um Abwehr- und allergische Reaktionen zu vermeiden, und jetzt als großes Zukunftspotential mit fötalen Zellen.

Der weltweite Umsatz mit therapeutischen Antikörpern stieg von 6,9 Milliarden US-Dollar im Jahr 2003 auf 29,2 Milliarden Dollar 2008, für 2009 lautet die Schätzung 33,5 Milliarden Dollar, ein schier unglaubliches Wachstumspotential. Der Konzern selbst steigerte seine Umsatzerlöse von 15 Millionen Euro 2003 auf über 60 Millionen Euro im Jahr 2007, die Zahl der Mitarbeiter stieg im selben Zeitraum von etwa 90 auf fast 300. Das Unternehmen arbeitet mit vielen bekannten Pharmaunternehmen zusammen, um diese „humane" Technologie weiter zu vermarkten und Geld damit zu verdienen.

Somatische Gentherapie

Diese versucht, die Funktion defekter Gene im menschlichen Körper zu korrigieren, damit der Körper selbst dann wieder Krankheiten oder Defekte bekämpfen kann. Für die Gene selbst werden keine embryonalen oder fötalen Zellen verwendet, sehr wohl aber für das Einschleusen dieser

Gene in den Körper des behandelten Patienten. Eine Möglichkeit dieses Einschleusens nämlich ist die Verwendung einer sogenannten Genfähre, eines Vektors. Hervorragend als Vektoren geeignet sind gentechnisch modifizierte Viren. Diese Viren wiederum vermehren sich besonders gut und verträglich in Zellen von Embryonen oder Föten, wie es die niederländische Zell-Linie bewiesen hat, aus der man zu diesem Zweck veränderte Adenoviren als Vektoren anbietet. An diesen Adenoviren wird seit den 60er Jahren geforscht.

Nach dem Tod eines gentherapeutisch behandelten Patienten, Jesse Gelsinger, 1999 in den USA hatte die Branche einen vorübergehenden Rückschlag erlitten.

Die ganze Palette der Anwendungsmöglichkeiten präsentiert die erwähnte Firma in den Niederlanden. Sie hat eine Technologie entwickelt, die auf den Nierenzellen eines wahrscheinlich 1985 abgetriebenen Kindes beruht (die Aussagen hierüber sind nicht einheitlich). Diese Zell-Linie ist eine sogenannte „Designer-Zell-Linie". Die fötalen Zellen wurden mit Genen des Adenovirus 5 versehen und so präpariert, dass sie praktisch unendlich vermehrbar sind, also genau das richtige für die Produktion von Medikamenten: auf menschlicher Basis, also frei von Allergie- und Seuchengefahr, und für Massenproduktion geeignet, weil unbegrenzt verfügbar. Das Resultat kann auf der Internetseite der Firma verfolgt werden: Alle von dieser Firma angebotenen Technologien basieren auf den Zellen dieses einen abgetriebenen Kindes. Nach Unternehmens-Angaben eignen sie sich hervorragend zur Produktion von:

– Antikörpern und Therapeutischen Proteinen
– Gentherapie-Produkten
– Impfstoffen gegen Ebola, Grippe, Malaria, Tuberkulose und Tollwut, die diese Firma bereits selbst damit hergestellt hat.

Das Unternehmen hat seine Technologie gewinnbringend an viele große Pharmafirmen in Lizenz verkauft und erfreut sich bester Gesundheit. Das ist auch in anderen Staaten der Fall: Eine Prognose für Biotechnologie-Unternehmen in Israel ergab für 2010 die Zahl von etwa 14.000 Mitarbeitern, die zusammen einen Umsatz von 3 Milliarden Dollar in diesem Bereich erzielen könnten. Hier wird ein Markt geschaffen, der mitten in der weltweiten Wirtschaftskrise hohe Wachstums- und Beschäftigungsraten garantiert. Durch die freie und gute Verfügbarkeit fötaler Zell-Linien können die Unternehmen einen leichten Weg gehen und haben es nicht nötig, nach durchaus vorhandenen Alternativen auch in diesem Bereich der neuen medizinischen Möglichkeiten zu suchen. Das Wachstumspotential verführt dazu, ethische Bedenken auszuschalten, und es weckt Begehrlichkeiten; weitere Anreize bietet die Politik, wenn sie zum Beispiel einen mit 100 Millionen Euro ausgestatteten „BioPharma Wettbewerb" ins Leben ruft, um Deutschland als modernen Forschungsstandort voranzubringen.

Was den Bereich der Naturheilkunde angeht, ist der Markt kaum zu überblicken. Vollkommen normal ist der Verkauf von tierischen Organen und Organteilen. So gibt es Hirnstammampullen von Kühen, Hoden von Stieren, ganze Embryonen von Schweinen und vielfältige weitere Präparate, die sich oft hinter lateinischen Bezeichnungen verbergen und für den Laien schwer einzuordnen sind. Soweit die Herkunft mit der Tierbezeichnung (suis = vom Schwein, bovis = vom Rind) mit aufgeführt ist, ist die Lage klar. Bei so manchem Präparat mit der Bezeichnung „fetalis" (= fötal) aber fehlt diese Angabe, was immerhin die Vermutung zulässt, dass solche Produkte aus menschlichen Föten stammen könnten. So finden sich Heilmittel mit fötalen Lymphknoten, fötaler Milz, Nebennieren und Thymusdrüsen ohne Klarstellung, ob all diese Bestandteile tierischer oder menschlicher

Herkunft sind. Nachfragen bei einigen Herstellern blieben ohne Antwort.

Als verordnungsfähige Wirkstoffe unter den Homöopathika sind aufgeführt: „Embryo totalis bovis" und „Embryo totalis suis", aber auch einfach „Embryo". Dasselbe gilt für angegebene zugelassene Wirkstoffe wie „intestinum fetalis" (fötaler Darm), „vasa fetalis" (fötale Lymph- oder Blutgefäße) und weitere, bei denen die Herkunft des Wirkstoffes unklar ist.

*„Sobald der Geist auf ein Ziel gerichtet ist,
kommt ihm vieles entgegen."*

Johann Wolfgang von Goethe

LIEBER KINDER VERBRAUCHEN ALS TIERE? – DIAGNOSTIK UND TESTVERFAHREN

Im „Deutschlandfunk" war am 13. Dezember 2006 zu hören: „Die europäische Chemikalienverordnung REACH könnte viele zusätzliche Tierversuche nötig machen, um zu prüfen, welche Putzmittel, Kosmetika oder Industriechemikalien giftig sind. Als Alternative dazu könnten in Zukunft aber auch Stammzellen als Chemikalien-Tester fungieren. Am besten eignen sich dabei die umstrittenen Stammzellen aus menschlichen Embryonen."

Das Fraunhofer-Institut bietet als Ersatz für Tierversuche für Arzneimittelprüfungen Zellkulturen an, „wenn immer es möglich ist. Von besonderer Bedeutung sind hier Arbeiten mit primären humanen Zellen wie auch mit ganzen Gewebstücken." Unter der Bezeichnung „primär human" sind embryonale Zellen zu verstehen. Bei der Herstellung von klinischen Prüfmustern werden im selben Institut Mikroben, Pflanzen und Säugerzellen verwendet – unter Säugerzellen fallen auch menschliche inklusive embryonaler und fötaler Zellen (siehe Kapitel „Gesundbleiben mit getöteten Kindern? – Impfstoffe").

Kürzlich erregte ein Skandal die Gemüter: Ende 2008 entbrannte eine Diskussion über die Versuche mit Makaken, einer Affenart, an der Universität Bremen. Dort werden diesen Äffchen Elektroden ins Gehirn eingesetzt, die Erkenntnisse über das Zusammenwirken von Neuronen bringen sollen. Diese Experimente, die zehn Jahre lang durchgeführt worden waren, sollten keine Verlängerungsgenehmigung mehr erhalten, mit der Begründung, diese Experimente seien ethisch nicht vertretbar. Mit demselben ethischen Argument war im August 2007 das Zusammennähen von Mäusen für Versuche verboten worden, dazu sagte die Sprecherin der ablehnenden Behörde: „Die Belange des Tierschutzes sind höher eingestuft worden als der wissenschaftliche Erkenntnisgewinn." Im September 2008 forderte der Deutsche Tierschutzbund ein Klonverbot für Tiere, denn „Das Klonen ist eine besonders brutale Form der Tierquälerei und verstößt klar gegen EU-Recht." Die Lobby der Tierschützer ist aggressiv und einflussreich, wie auch im Kapitel über Impfstoffe dargelegt wird. Die EU-Kommission ist bestrebt, Tierversuche nur noch dann zuzulassen, wenn „keine anderen geeigneten Mittel" zur Verfügung stehen.

Es stehen andere geeignete Mittel zur Verfügung, bei denen keines der für den Tierschutz genannten Argumente zu hören ist. Als besonders effektive Ersatzmethode haben sich Zellkulturen herausgestellt. Sie werden aus lebenden Zellen, Teilen von Geweben und Organen oder ganzen Organen gezüchtet, hierfür werden neben tierischen Zellen humane Zellen genutzt: adulte, fötale oder embryonale Zellen, bei ganzen Organen vor allem fötale Organe. Der Tierverbrauch wird ersetzt durch den Menschenverbrauch, ohne dass eine ähnlich starke Lobby sich äußern würde, um Kinder genauso zu retten wie Mäuse oder Makaken.

Für die „in-vitro"-Versuchsmodelle zum Testen neuer Wirkstoffe werden verschiedene Sorten von Zellen verwendet: zum einen Tumor-Zell-Linien, die permanent wachsen, wie die Mäusezelle NG108-15 oder die menschliche (adulte) Linie HepG2, dann frisch isolierte Zellen aus tierischem Gewebe wie Fibroblasten aus der Haut, oder sogenannte „Transfizierte menschliche oder tierische Tumorzellen" – dieselben, die für die Gen-Einschleusung als Vektoren verwendet werden. Hierzu gehört die Linie COS-7 aus Affennieren ebenso wie die bekannte Linie HEK 293, die aus Nierenzellen eines abgetriebenen Kindes „gewonnen" wurde.

*„Im Leben gibt es etwas Schlimmeres,
als keinen Erfolg zu haben:
nichts unternommen zu haben."*

Franklin D. Roosevelt

SCHÖNHEIT AUS DEM HORRORKABINETT? –
GETÖTETE KINDER IN DER KOSMETIK

Auch bei der Prüfung kosmetischer Stoffe gewinnen fötale/ embryonale Zellen zunehmend an Bedeutung: seit dem 11. März 2009 nämlich gilt ein EU-weites Verkaufsverbot für Kosmetikprodukte und -rohstoffe, die an Tieren getestet wurden, sofern alternative Testmethoden möglich sind. Daher arbeiten Kosmetikkonzerne fieberhaft an diesen Alternativen und nutzen vor allen Dingen Zellkulturen, tierische wie menschliche. Die kosmetischen Prüfungen sind klar reglementiert: Jeder Stoff muss geprüft werden auf Kanzerogenität (krebsauslösende Eigenschaften), Mutagenität (Schädigung des Erbguts), Toxizität (Giftigkeit) und weitere Schädigungsmöglichkeiten. In den Bereichen Toxizität und Mutagenität sowie Tests zu Hautabsorption wird die Verwendung von „Säugerzell-Linien" (tierischen wie menschlichen) genannt, während zum Beispiel die schädigende Wirkung durch Sonnenlicht (Phototoxizität) ausschließlich auf einer von Mäusen gewonnenen Zell-Linie geprüft wird. Diese alternativen Testmethoden sollen „ethische Hautcremes" zum Ergebnis haben, damit der Konsument unbesorgt sein kann, durch seinen Kauf irgendwelche Tierversuche unterstützt zu haben. Menschen hingegen können unbedenklich für solche Tests verbraucht werden, hier spielt Ethik offenbar keine Rolle.

Im April 1980 öffnete man einen Lastwagen an der Grenze zwischen der Schweiz und Frankreich und fand Hunderte von tiefgekühlten abgetriebenen Kindern darin, die an verschiedene französische Kosmetikfabriken geliefert werden sollten. Eine der damaligen Verkäuferinnen solcher Produkte nannte sie „absolut natürlich" und gab auch die Inhaltsstoffe an: fötale Milz, Leber und Thymus. Damals wie heute jedoch ist der Nachweis dieser Verwendungsweise sehr schwierig, weil Inhaltsstoffe von Kosmetika ebenso möglichst allgemein und verschleiernd angegeben werden wie in anderen Bereichen auch.

Bei der kosmetischen Faltentherapie spielt das Kollagen eine große Rolle. Kollagen ist ein Eiweißmolekül, das sich zu Fasernetzen zusammenschließt und so das Bindegewebe stützt. Es ist wichtiger Bestandteil der menschlichen Haut. Normalerweise wird Kollagen aus Rindern gewonnen, mittlerweile gibt es auch „marines" Kollagen, jedoch fehlt häufig jegliche Angabe darüber, woher das Kollagen in Anti-Aging- und anderen Cremes stammt. Bei diesen Produkten ist es durchaus möglich, dass sie Kollagen aus Föten enthalten. Das „American Journal of Anatomy" veröffentlichte im Februar 2005 eine Studie an im ersten Schwangerschaftsdrittel abgetriebenen Kindern, in der es um die verschiedenen Kollagenarten in embryonaler und fötaler Haut geht. „Asia-News" berichtete im September 2005, dass in China aus der Haut von exekutierten Verurteilten und versuchsweise von abgetriebenen Kindern serienmäßig Kollagen gewonnen und das fertige Produkt auch nach Großbritannien verkauft wurde. Bekannt ist die jahrelange Aktivität eines großen französischen Kosmetikkonzerns in China: er hat zwei chinesische Kosmetik-Marken aufgekauft, die in China einen Jahresumsatz von jeweils etwa 40 Millionen Euro erbringen. Die Herkunft der Inhaltsstoffe von in China hergestellten Hautpflegeprodukten sollte besonders unter die Lupe genommen werden, weil die Verwendung von Föten für alle möglichen Zwecke in diesem Land normal ist.

Eine Firma aus Russland verkauft eine Plazenta-Kollagen-Maske und Cremes, die Hyaluronsäure (sie reguliert die Zelldurchlässigkeit und dient an vielen Stellen des Körpers als wichtiges Gleitmittel) sowie andere, „fötale" Glykosaminoglykane (die in Stütz- und Bindegeweben vorkommen) enthalten. Ob diese Wirkstoffe der Nabelschnur oder dem Fötus entnommen wurden, wird wieder nicht unterschieden. Der Hersteller wirbt damit, dass er „Hautpflegeprodukte anbietet, die mit fötalen Zellkomponenten angereichert werden." Mittlerweile sind diese Produkte auch in Deutschland erhältlich.

Bei einer Anfrage an die amerikanischen Zulassungsbehörde FDA 1985 antwortete die Behörde, dass es für die Verwendung von abgetriebenen Kindern in kosmetischen Produkten keinerlei Hinweise gebe. Aktuellere Anfragen gibt es anscheinend nicht. Im übrigen gibt es keine Pflicht, kosmetische Inhaltsstoffe in den USA der FDA zur Prüfung und Zulassung vorzulegen. Auch die amerikanische Internetseite „cosmeticsdatabase.com" verzeichnet keinerlei Inhaltsstoffe mit dem Zusatz „fötal" oder „embryonal". Bei Durchsicht der Produkte, die zum Beispiel Kollagen enthalten (insbesondere die sogenannten Anti-Aging-Produkte), werden durchgängig die Begriffe „Collagen", „natural Collagen" oder „native Collagen" verwendet, die keinerlei Hinweis auf die tatsächliche Herkunft dieses Stoffes geben.

Auf eine Anfrage an das Bundesinstitut für Arzneimittel und Medizinprodukte (BfArM), ob man über die Verwendung von fötalem/embryonalem Kollagen Informationen habe, kam ein Antwortschreiben, das auf die konkrete Anfrage bezüglich menschlicher Föten und Embryonen überhaupt nicht einging, sondern ausschließlich eine Antwort im Hinblick auf tierische Embryonen und Föten gab. „Generell gilt, dass Collagen hergestellt werden kann aus: Bindegewebe der

Säugetiere. Es kommt am häufigsten in Haut und Knochen, aber auch Sehnen und in der Hornhaut des Auges und in Faserknorpeln vor." Der Hinweis auf Säugetiere ist insofern interessant, als auch hier durchaus die Einbeziehung der Menschen als biologisches Säugetier möglich wäre, eine (vielleicht unbewusste) Verschleierungsmethode, wie sie in anderen Bereichen bereits belegt worden ist.

Kosmetiktipps im Internet raten unverhohlen zur Benutzung von Embryo-Extrakten, um die Haut innerlich und optisch zu verjüngen. Auf dem Markt frei erhältlich ist eine „bio-restaurative" Hautcreme aus der Schweiz, die aus denselben Hautzellen eines abgetriebenen Kindes gefertigt wird wie die beschriebene medizinische Version zum Einsatz gegen schwere Verbrennungen. Die Creme nährt und erfrischt alternde Haut und kostet pro Tube 160,50 Dollar. Das bringt der Firma, die dieses Produkt ursprünglich zur Behandlung von Verbrennungen hergestellt hat, satte zusätzliche Umsätze, die allein in der medizinischen Anwendung nicht zu erzielen wären. Für einen Quadratzentimeter Hautgewebe zahlen die Kliniken relativ wenig, in den USA sind es um die 6 Dollar, während der Umsatz für Nutzung in der Kosmetikindustrie immer im zwei- bis dreistelligen Millionenbereich pro Jahr liegt.

In der europäischen Zulassungsliste für kosmetische Inhaltsstoffe findet man einen „Embryo Extract" mit der Nummer 293-667-4 und der Beschreibung: „Embryo Extract ist ein Extrakt, der aus der Haut eines Säuger-Embryos gewonnen wird" – der „Säuger", im englischen Original „mammalian", kann, wie mehrfach belegt wurde, sowohl Säugetiere als auch Menschen umfassen. Als Funktionen dieser Extrakte werden „moisturising" (feuchtigkeitsspendend) und „skin conditioning" (hautpflegend) angegeben.

Im Trend liegen kosmetische Operationen und Behandlungen, der Wunder-Begriff lautet, wie erwähnt, „Anti-Aging". In London kann man sich Nabelschnur-Stammzellen injizieren lassen, um damit eine Verjüngungskur zu machen, auf Barbados kostet eine solche Kur mit fötalen Zellen aus Abtreibungen über 20.000 Euro. Eine Methode dieser Einrichtung besteht darin, Leberzellen aus zwischen der 6. und 12. Schwangerschaftswoche abgetriebenen Kindern direkt in den Handrücken zu spritzen, was wahre Wunder der Haut-Verjüngung bewirken soll. Auch in Moskau werden solche Behandlungen angeboten, hier sollen mittellose junge Frauen für 200 Dollar dazu gebracht worden sein, schwanger zu werden und die Kinder dann abtreiben zu lassen, damit die toten Kinder für die Anti-Aging-Behandlungen verwendet werden können (Daily Mail vom 7. August 2006). Die entsprechende Institution in der Dominikanischen Republik ist seit 1995 auf solche Behandlungen mit fötalem Gewebe spezialisiert und hat nach eigener Angabe über 1.500 Patienten bereits behandelt, also in den letzten 13 Jahren mit abgetriebenen Kindern einen Umsatz von 30 Millionen Euro erzielt.

„Decies repetita placebit"
(„Zum zehnten Mal wiederholt, wird es gefallen").

Devise römischer Politiker

„GESPENDETE" KINDER? – KÜNSTLICHE BEFRUCHTUNG UND STAMMZELLFORSCHUNG

Die neuen Heilsbringer, die auch das Problem der Materialbeschaffung in Ländern mit ansatzweise vorhandenem Kinderschutz lösen, sind die embryonalen Stammzellen, an denen in Deutschland zum Beispiel Oliver Brüstle und Hans Schöler forschen. Diese Zellen gelten als Alleskönner und Anpassungsprofis, seit Jahren wird an ihnen geforscht, ohne dass man bisher medizinische Erfolge erzielt hätte, im Gegenteil: Gerade bei den Embryonalzellen besteht eine hohe Gefahr der Tumorbildung, die bisher keiner von den Forschern in den Griff bekommen konnte, während mit adulten Stammzellen (von erwachsenen Spendern, die in die Spende einwilligen und sie überleben) beinahe monatlich medizinische Fortschritte ohne hohe Risiken zu vermelden sind. Zum damit offenbar nicht ganz gerechtfertigten Forscherwahn gesellt sich das Geld: in Australien wurden im Jahr 2002 insgesamt 28 Millionen Euro an staatlichen Geldern für die verbrauchende Embryonenforschung bereitgestellt, Kalifornien bot 10 Milliarden Dollar für 10 Jahre Forschung, auch in Deutschland fördern Bund und Länder diese Forschung mit Millionen. Brüstles deutscher Patentantrag vom 19. Dezember 1997 verweist auf die besondere Verwendungsmöglichkeit der durch Embryonentötung gewonnenen neuronalen Vorläuferzellen: „So muß beispielsweise derzeit Hirngewebe von bis zu drei menschlichen Embryonen gepoolt werden, um genügend Material für die Transplantation eines Parkinson-Patienten zu erhalten. (...) Embryonale Stammzellen bieten eine völlig neue Perspektive für die Herstellung von Donorzellen für Transplantationszwecke" (Patentschrift DE 197 56 864 C1). Aktuell ist es Oliver Brüstle nach eigenen Angaben gelungen, eine Zell-Linie zu entwickeln, die unendlich vermehrt werden kann. Auf diese Weise würde wenigstens verhindert, dass für die Progenitor-Zellen immer mehr Embryonen getötet werden müssen – wobei sich noch die Frage stellt, wie lange und wie oft man diese Zellen wirklich vermehren kann.

Embryonale Stammzellen werden Kindern entnommen, die zu diesem Zweck gezeugt werden oder bei der In-vitro-Fertilisation, der künstlichen Befruchtung, übriggeblieben sind und von den Eltern „gespendet" werden, eine Praxis, die in Großbritannien oder den USA gängig ist. An der Johns Hopkins-Universität Baltimore zum Beispiel verwendet John Gearhart für die Gewebezüchtung die Organe abgetriebener Kinder, mit dem Ziel, sie für Transplantationen zu verwenden. Außerdem forscht er mit fötalen Eierstöcken (5,5–15 Wochen nach Befruchtung) und fötalen Hoden (7–15 Wochen nach Befruchtung). Damit hat man sowohl frische, zu allem möglichen entwicklungsfähige Zellen, als auch bereits fertige Organzellen, die sich in dieser Symbiose bestens entwickeln, vielfältig vermehren und eine Abstoßungsreaktion der Empfänger praktisch auf Null reduzieren könnten. Mit dem neuen US-Präsidenten Obama im Rücken, der die Forschung an embryonalen Stammzellen ausdrücklich befürwortet, indem er im März 2009 das Verbot staatlicher Gelder für diese Forschung aufgehoben hat, können sie auf weitere Fortschritte hoffen. Im Internet kursiert ein Video über ein Interview mit Dr. Sanjay Gupta, in dem Obama gesagt haben soll, man dürfe natürlich nur an Embryonen forschen, die niemals die Chance hätten, befruchtet zu werden („embryos that we know are never going to be fertilized") – was bedeuten würde, dass der neue Präsident der Vereinigten Staaten keine Ahnung hätte, wovon hier eigentlich die Rede ist.

Wahrscheinlich schon über die baldige Entscheidung zur Förderung dieser Forschung informiert, genehmigte die amerikanische Zulassungsbehörde FDA bereits im Januar dieses Jahres zum ersten Mal die Verwendung von embryonalen Stammzellen für eine Studie an Patienten mit Rückenmarkserkrankungen. Damit steht ein neuer, lukrativer Markt am Horizont.

Die Risiken der embryonalen Zellen, vor allem die Tumorgefahr, die entgegen den Hoffnungen wohl doch vorhandene Immunabstoßung und die nicht sichere Differenzierung der Zellen in bestimmte Körperzellen sind keineswegs gebannt, sondern einer der wesentlichen Hemmfaktoren für die kommerzielle Nutzung. Die Forscher haben keinerlei Einfluss darauf, wohin die Zellen eigentlich wandern, ob sie sich an der gewünschten Stelle ansiedeln, und ob sie sich dann an dieser Stelle zu den spezialisierten Zellen entwickeln, wofür sie vorgesehen sind – alles Risiken, die noch überhaupt nicht erforscht sind. Diese Risiken sind so bedeutend, dass eine amerikanische Firma, die 2000 extra zu diesem Zweck gegründet worden war, im Juli 2007 dazu bewegt wurde, sämtliche Therapieversuche mit embryonalen Stammzellen aufzugeben. In Ländern, in denen es kaum oder keine Einschränkung zur Verwendung abgetriebener Kinder gibt, wird das Tumor-Risiko durch die Nutzung fötaler, also etwas älterer und bereits differenzierter Zellen umgangen. Der Mediziner Keith Muir aus Glasgow kündigte im Januar 2009 an, eine klinische Versuchsreihe an Schlaganfallpatienten zu starten, denen die Zellen aus abgetriebenen Kindern ins Hirn gespritzt werden. Geworben wird hier nicht nur mit der Möglichkeit der Gewinnzielung, sondern auch mit dem

Argument der Kostenreduzierung im Gesundheitswesen: In Großbritannien kosten Schlaganfallpatienten jährlich etwa 5 Milliarden Euro, die man durch solche Behandlungen mit für das gesamte Gesundheitssystem entlastenden Folgen einsparen könnte.

Seit 2001 behandelt Professor Bodo-Eckehard Strauer in Düsseldorf seine Patienten erfolgreich mit adulten Stammzellen, besonders bei Herzproblemen, aber auch zum Beispiel bei diabetischem Fuß. Das Tumorrisiko bei embryonalen Stammzellen liegt bei etwa 86 %, dasselbe Risiko bei adulten Stammzellen beträgt ca. 0,01 %.

Wen schützt das Embryonenschutzgesetz?

Die Herstellung von Embryonen für die Forschung ist in Deutschland bisher durch das Embryonenschutzgesetz verboten. Im April 2008 verschob der Bundestag jedoch den Herstellungs-Stichtag für den Import von embryonalen Stammzell-Linien vom 1. Januar 2002 auf den 1. Mai 2007, nachdem Forscher wie Anthony Ho aus Heidelberg (er forschte schon in den 1990er Jahren mit fötalen Zellen) oder Hans Schöler den Politikern ihr Leid geklagt hatten, wie verdorben die bisher erlaubten, weltweit zugänglichen Zell-Linien doch seien. Das jeweilige Datum besagt, dass die Linien, die importiert werden sollen, vor diesem Tag hergestellt worden sein müssen. Mit diesen zurückliegenden Daten will man Anreize für eine Embryo-Herstellung extra für deutsche Forschungszwecke vermeiden. Seit April 2008 dürfen die deutschen Forscher also Zell-Linien importieren, die bis Mai 2007 in anderen Staaten hergestellt worden sind, um international nicht den Anschluss zu verlieren und frisches Material zur Verfügung zu haben. Hans Schöler, der der Meinung ist, dass sich Journalisten in Sachen moderner Forschung öfter einer Art Schweigepflicht unterwerfen sollten, holte im Januar 2009 denn auch eine neue Erlaubnis für ein Forschungsprojekt an embryonalen Stammzellen ein – er importierte dafür die Linien H1 und H9, die weltweit ältesten Stammzell-Linien überhaupt, die 1998 hergestellt worden sind. Die Tatsache, dass für die soeben in den USA zugelassene Studie ebenfalls aus der Linie H1 stammende Zellen verwendet werden, spricht für die offensichtlich doch vorhandene Qualität der angeblich vollkommen unbrauchbaren Zellen. Beide Linien stammen aus übriggebliebenen, künstlich gezeugten Kindern, die ursprünglich einmal eingepflanzt und geboren werden sollten. Eine Portion davon kostet im Wicell Research Institute 1.500 Dollar, wenn man von außerhalb der USA einkauft. Von der Linie H1 (interne Bezeichnung WA01) stehen in diesem Institut momentan 520 Portionen zum Verkauf zur Verfügung, ein potentieller Umsatz von 780.000 Dollar mit dieser einen Linie. An jeder deutschen Importgenehmigung verdient das Robert-Koch-Institut, das für eine Genehmigung in der Regel zwischen 3.000 und 10.000 Euro einstreicht, was bei mittlerweile 34 Genehmigungen immerhin einen sechsstelligen Betrag ausmacht.

Das Forschungsministerium führt unter dem Förderungskennzeichen 01GN0107 ein Projekt mit folgendem Titel: „Plastizitätspotenzial somatischer Stammzellen aus fötaler Leber, dem Nabelschnurblut und aus Erwachsenenknochenmark für neutrale Differenzierung." Im Supplement zum Gentechnologiebericht wird unter anderem die Etablierung von embryonalen Stammzell-Linien „aus fünf bis sieben Wochen alten menschlichen Föten (aus Aborten)" als mögliche Quelle für therapeutische Nutzung genannt (Abort kann sowohl eine Fehlgeburt als auch eine Abtreibung bezeichnen). Eine andere bedenkenswerte Passage findet sich in diesem Supplement auf Seite 75: „Eine weitere Quelle von adulten Stammzellen sind Gewebe von Föten. Im Fötus sind besonders viele Stamm- und Vorläuferzellen mit hohem Proliferations- und Entwicklungspotential vorhanden. In einigen Ländern (z. B. Schweden, USA, Ukraine) werden aus fetalen Geweben Zellen unmittelbar für therapeutische Zwecke gewonnen, so unter anderem für die Behandlung von Patienten mit Morbus Parkinson (…). Aufgrund der ethisch umstrittenen Gewinnung von fetalen Zellen aus Abortmaterial mehrerer Feten sind Therapien mit fetalen Zellen in Deutschland nicht zugelassen." Bedenkenswert deshalb, weil hier der Begriff „adulte Stammzellen" bei fötalen Zellen aus Abtreibungen angewandt wird, was bedeuten würde, dass auch hier die Abgrenzung schwierig ist und verwässert wird. In diesem Bericht zitiert wird außerdem aus der Stellungnahme der Deutschen Forschungsgemeinschaft zum Problemkreis menschliche Stammzellen (1999): „Wichtig für die Haltung der DFG zu diesem Zeitpunkt ist, dass sie die Arbeit an primordialen Keimzellen von toten Föten für forschungstechnisch aussichtsreich erachtet. Mit dieser Annahme wird dem ESchG und der Politik konzidiert, dass sie sinnvolle Restriktionen schaffen." Die Forschung mit abgetriebenen Kindern ist von verschiedenen zuständigen Organen explizit erwünscht.

Furore machten Meldungen im November 2007 über die sogenannten iPS-Zellen, adulte Stammzellen, die durch das Einschleusen von bestimmten Genen auf ein embryonales Stadium zurückprogrammiert werden können. Geworben wurde damit, dass diese Art der Reprogrammierung die Verwendung embryonaler Zellen überflüssig machen würde. Erst später stellte sich heraus, dass dem nicht ganz so ist. Bei seiner Forschung verwendete Dr. Yamanaka Zellen mit der Bezeichnung PLAT-E – diese Zell-Linie stammt von der fötalen Zell-Linie HEK 293 ab. Eine andere Forscherin, Dr. Plath aus Kalifornien, nutzte die Phoenix-A-Zell-Linie, die ebenfalls aus einer Abtreibung herrührt. Diese fötalen Zell-Linien werden verwendet, um in Kombination mit dem Lentivirus die Reprogrammier-Gene in die entnommenen adulten Stammzellen zu schleusen. Hier stellt sich die Frage, warum man nicht die erfolgreichen adulten Stammzellen selbst verwendet, statt sie in die ethisch zu Recht umstrittenen und auch in der Reprogrammierung mit hohem Tumor-Risiko behafteten embryonalen Zellen umwandeln zu wollen. Trotz solcher Bedenken und Vorgehensweisen sehen Forscher wie Hans Schöler die große Zukunft in diesen Zellen und möchte ein Institut haben, das sich darauf spezialisiert. Als Beispiel für das finanzielle Potential nennt er eine Kooperation zwischen einem Pharma-Unternehmen und einem Stammzellinstitut in den USA mit 25 Millionen Dollar Startkapital seitens des Unternehmens.

Zur Zeit gibt es beinahe monatlich neue Meldungen zu Forschungs-Ergebnissen aus der embryonalen Stammzellforschung. Durch die Freigabe dieser Forschung in den USA mit ausdrücklicher Erlaubnis des neuen Präsidenten Barack Obama wird man vor allem von dort in nächster Zeit noch weitere solcher Meldungen erhalten.

Die Rolle der In-vitro-Fertilisation: Kinder auf Vorrat

Die erlaubte Forschung an und die Verwendung von embryonalen Stammzellen löst in Deutschland zwar das grundsätzliche Problem der legalen Beschaffung, aber durch das Verbot der eigenen Herstellung solcher Linien

sind die Forscher immer auf Importe und vorhandene aus-
ländische Zell-Linien angewiesen. Seit neuestem gibt es
hier ein fruchtbares Zusammenwirken zwischen Stamm-
zellforschern und Experten für künstliche Befruchtung: In
Deutschland ist es bisher verboten, bei einer In-vitro-Fertilisation (IVF), also einer künstlichen Befruchtung im Reagenzglas, mehr Embryonen herzustellen, als der Mutter
eingepflanzt werden. Lediglich im Vorkernstadium, also vor
der Verschmelzung von Ei und Samenzelle, darf eingefro-
ren werden. In anderen Staaten dagegen wird der sogenannte Single-Embryo-Transfer (eSET) praktiziert, bei dem
nur ein Embryo eingepflanzt wird, während die anderen in
die Tiefkühltruhe kommen (Kryokonservierung), um auf eine
eventuelle spätere Verpflanzung zu warten. Nach Jahren
sind immer so viele tiefgefrorene Kinder übrig, dass man
sich überlegen muss, was aus ihnen wird, denn die Eltern
wollen sie nicht mehr. Die Alternativen lauten sterbenlassen
oder zur Forschung und Verwertung freigeben – in mehreren Staaten dürfen Eltern ihre nicht zur Geburt bestimmten
Tiefkühlkinder für die Forschung spenden. Zuvor hatten Berichte über das Auftauen und Sterbenlassen von Tausen-
den tiefgefrorener Embryonen (zum Beispiel in England) für
Aufsehen gesorgt. Eine daraufhin in Deutschland durchgeführte Umfrage ergab, dass 38 % der befragten Personen
der Meinung waren, übriggebliebene IVF-Embryonen sollten vernichtet werden, 19 % sprachen sich für die Freigabe
zu Forschungszwecken aus, 23 % der Befragten schlugen
eine Adoption durch andere Wunsch-Eltern vor.

Das Prinzip der Kinder-Vorratshaltung möchten die IVF-
Vertreter nun auch in Deutschland durchsetzen und wer-
ben seit einiger Zeit massiv für den Single-Embryo-Transfer. Lohnenswert wäre dies auf alle Fälle: weltweit werden
täglich 2.000 Eizellen künstlich befruchtet, in Deutschland
sind es jährlich zwischen 40.000 und 60.000. Die ameri-

kanische Fruchtbarkeitsindustrie verzeichnet einen Jahres-
umsatz von 3 Milliarden Dollar. Die sich „Kinderwunschzentren" nennenden Einrichtungen in Deutschland haben
momentan Probleme, weil die Krankenkassen bis 2004 vier
Behandlungen vollständig, seitdem aber nur noch jeweils
die Hälfte von insgesamt drei Behandlungen bezahlen und
die Wunsch-Eltern daher zunehmend ins Ausland gehen,
wo das ganze preiswerter zu haben ist als bei uns. Vor allem Spanien ist eine vielversprechende Anlaufstelle, seitdem dort Eizellspenden möglich sind, die zunächst für die
künstliche Befruchtung und, wenn sie übrigbleiben, für die
Forschung verwendet werden dürfen.

Spanien ist, was die bedenkenlose Verwendung von Eizellen und Embryonen angeht, zur Zeit einer der Vorreiter. Mit
den gespendeten und für die Forschung übriggebliebenen
Eizellen werden in Valencia von der Regierung erlaubte Klon-
versuche für die Gewinnung von menschlichen Stammzellen
gemacht, indem das Erbgut von erwachsenen Zellen in die
Eizellen eingebracht wird. Die findigen Forscher des Instituto
Valenciano de Infertilidad (Valencianisches Institut für Unfruchtbarkeit) sind auch auf die Idee gekommen, Fehlversu-
che der In-vitro-Fertilisation gewinnbringend für ihre Zwecke
zu nutzen: Bei der IVF passiert es bei etwa 5 % der befruchteten Eizellen, dass nicht nur eine, sondern zwei männliche
Samenzellen in die Eizelle eindringen, woraus sich ein nicht
lebensfähiger Embryo entwickelt, dessen Zellen man jedoch
sehr wohl brauchen kann (El País, 16. November 2001).

In England geht man einen anderen Weg: Eizellspenden
erfordern eine Menge an bereitwilligen, möglichst jungen
und gesunden Spenderinnen sowie eine starke hormonelle
Stimulation dieser Spenderinnen zur Erzeugung guter Eizellen, die mit zum Teil schweren gesundheitlichen Risiken
verbunden sind. Die Eizellen müssen außerdem besonders

frisch sein, weil sie schon 24 Stunden nach der Entnahme Qualitätseinbußen aufweisen. Um diesen Risiken aus dem Weg zu gehen, nimmt man in England neuerdings die Eizellen von Rindern, entkernt sie und beseelt sie dann mit menschlichem Erbgut, um Embryonen herzustellen – das Ergebnis sind Chimären, Mischwesen zwischen Mensch und Tier, für die Forscher in Großbritannien kein Problem, sondern eine gute Möglichkeit, Problemen aus dem Weg zu gehen. Die Ergebnisse sind allerdings nicht besonders ermutigend, es gibt erste Berichte, dass die so gezeugten Wesen erhebliche Mängel aufweisen sollen.

Kinder aus dem Reagenzglas: geringe Erfolge, hohes Risiko

Seit der Änderung in der Krankenkassenfinanzierung haben sich die IVF-Zahlen in Deutschland fast halbiert, momentan stammt etwa jedes achtzigste in Deutschland geborene Kind aus einer künstlichen Befruchtung. Laut Statistik betrug der Anteil der künstlich gezeugten Kinder im Jahr 2003 noch 2,67 % (von 100 geborenen Kindern stammten 2,67 aus einer künstlichen Befruchtung). Dieser Anteil ging nach der Änderung der Finanzierung auf 1,36 im Jahr 2004 und 0,98 im Jahr 2005 zurück.

Eine einzige solche Prozedur kostet bei uns zwischen 1.300 und 4.800 Euro. Das wird die Kinderwunschzentren nicht verarmen lassen, denn bei 40.000 Versuchen jährlich verdienen sie immer noch zusammen mindestens 100 Millionen Euro. Aber die Umsätze sollen ja wieder gesteigert werden: Jährlich suchen nach Angaben des Gesundheitsministeriums über 200.000 Paare Rat in Sachen Fortpflanzungsmedizin. Könnte man also die Behandlungszahlen nur auf die Hälfte dieser Paare steigern, ergäbe dies ein zusätzliches Einkommen für die „Kinderwunsch"-Industrie von 150 Millionen Euro jährlich in Deutschland. Angesichts der Tatsache, dass in Deutschland mittlerweile 1,4 Millionen Menschen keine Kinder haben, möchten die Reproduktionsmediziner natürlich ganz uneigennützig die Geburtsstatistik erhöhen und stellen Berechnungen an, wie sich steigende künstlich erzeugte Geburten langfristig auf die Demographie auswirken. Zufällig erschien im Jahr 2007 eine Studie des Berlin-Instituts für Bevölkerung und Entwicklung, die sich mit der Frage beschäftigt, ob die Reproduktionsmedizin einen Beitrag zur Rettung der deutschen Demographie leisten könne. Am liebsten hätte man das „dänische Modell": in Dänemark ist künstliche Befruchtung inzwischen ganz normal, 2005 stammten schon 4,5 % aller in Dänemark geborenen Kinder aus dem Reagenzglas, wobei die durchschnittlichen Jahresanteile in der Regel knapp unter 4 % liegen. Diese seit Monaten stark forcierte Politik zeigt die ersten Früchte: Sachsen finanziert unter bestimmten Voraussetzungen für die zweite und dritte Fruchtbarkeitsbehandlung eine finanzielle Pauschale von je bis zu 900 Euro, bei der vierten Behandlung erhöht sich der Zuschuss auf 1.800 Euro. Weitere Bundesländer überlegen eine ähnliche Finanzierung.

Die Erfolgsquote der IVF ist nach wie vor nicht gut: Die sogenannte „Baby-take-home"-Rate, also der Anteil der tatsächlich geborenen Kinder aus In-vitro-Fertilisation, beträgt um die 20 %. In den USA ist dieser Prozentsatz leicht höher: 134.000 künstliche Befruchtungen im Jahr 2005 führten dort zu 32.000 geborenen Kindern, was einer Rate von knapp 24 % entspricht. Unter Annahme ähnlicher Preise für die Behandlung wie in Deutschland führten diese 134.000 Prozeduren außerdem zu 335 Millionen Dollar Umsatz für die IVF-Industrie.

Die Reproduktionsmediziner geben weiterhin selbst an, dass 60–80 % der Kinder aus dem Reagenzglas „chromosomale Störungen" aufweisen. Aus eben diesem Grund plädieren sie für die Einführung der Präimplantationsdiagnostik, bei der die Kinder vor der Einpflanzung oder Kryokonservierung einen Qualitätscheck durchlaufen. Falls Krankheiten, bestimmte Gene etc. entdeckt werden, werden diese gerade gezeugten Kinder nach einschlägigem Sprachgebrauch „verworfen", also getötet. Des weiteren ist die Möglichkeit der Zwillings- und Drillingsschwangerschaften erheblich größer, weil bis zu drei gezeugte Embryonen in die Mutter eingesetzt werden. Dies birgt wiederum größere Gefahren für Mütter und Kinder in sich. Aber man kann ja dann noch die „Mehrlingsreduktion" anwenden, was nichts anderes heißt, als eines der Kinder, die es bis in die Gebärmutter geschafft haben und wachsen, wieder gezielt abzutreiben, um die anderen nicht zu gefährden. Das hört sich nach einem immer zutiefst verantwortungsvollen Verhalten der zuständigen Mediziner an – dabei gibt es immer wieder Fälle, wo Frauen viel mehr Embryonen eingesetzt werden, so wurde Anfang 2009 der Fall einer kalifornischen Mutter bekannt, die bereits sechs Kinder aus künstlichen Befruchtungen hatte und noch einmal acht Embryonen eingesetzt bekam. Alle Embryonen entwickelten sich weiter, so dass diese Frau jetzt zu den vorhandenen Kindern weitere Achtlinge bekommen hat – hier von verantwortungsvollem Verhalten zu sprechen, erübrigt sich wohl.

Im Klartext: Kinder werden zunächst künstlich hergestellt, dann nach verschiedenen Kriterien aussortiert, gemäß diesen Kriterien weggeschmissen, sie werden zur Forschung freigegeben, tiefgekühlt oder eingepflanzt, eventuell dann doch noch abgetrieben, um dann vielleicht wieder weiterverwertet zu werden. Bei der Präimplantationsdiagnostik (PID) ergibt sich das zusätzliche ethische Problem, sogenannte Designerkinder zu postulieren. Denn wenn man die Möglichkeit hat, sich ein Kind auszusuchen, kann dies auch Begehrlichkeiten im Hinblick auf Geschlecht, besondere Fähigkeiten etc. wecken. In anderen Staaten schon üblich ist das sogenannte „family balancing": wenn ich zum Beispiel schon zwei Mädchen habe, wähle ich von den künstlich gezeugten Kindern den Jungen aus, damit die Familie ausgeglichen ist. Frau Woopen vom deutschen Ethikrat hält dies für abwegig, denn „Wenn ich in einer Boutique stehe und von zehn Kleidern eines aussuche, habe ich auch noch lange kein Designerkleid" (aus einem Interview mit dem Kölner Stadtanzeiger vom 30. Mai 2008). Ganz im Gegenteil sind solche Überlegungen keineswegs abwegig, sondern wurden schon in die Tat umgesetzt: in einem Unternehmen in den USA konnte man seit Januar 2007 Kinder bestellen und kaufen, zum Preis von 2.500 Dollar, wenn man nur einen Embryo kaufen wollte, mit gleichzeitiger Einsetzung in die Gebärmutter kostete das ganze 10.000 Dollar. Auswahlkriterien waren zum Beispiel Haarfarbe, IQ oder der Bluttyp, alle Spender waren angeblich unter 30 und gebildet. Diese Form des Angebots kam vielleicht doch noch einen Schritt zu früh – die Internetseite der Firma ist zur Zeit nicht mehr erreichbar. Jedoch haben sich weitere Firmen inzwischen auf diese Marktlücke spezialisiert.

Und noch ein zu bedenkender Faktor wird gerne verschwiegen: Künstlich gezeugte Kinder kommen deutlich häufiger mit Fehlbildungen zur Welt wie auf normalem Wege gezeugte Kinder. So jedenfalls lautet das Ergebnis aus einer Fallkontrollstudie eines auf solche Fragen spezialisierten Institutes in den USA. Laut dieser Studie ist zum Beispiel eine größere Zahl von Fehlbildungen im Darm zu beobachten, vor allem aber ist die Rate von bestimmten Herzfehlern und Lippenspalten oder Lippen-Gaumenspalten um das doppelte erhöht im Vergleich zu normal gezeugten Kindern. Bei dieser Fehlbildung stieg das Verhältnis von einem Fall auf 950 normale Geburten auf einen Fall von 425 IVF-Geburten. Allerdings sagen die Forscher selbst, dass es zwei Erklärungsmöglichkeiten für diese erhöhten Fehlbildungsraten gebe: entweder liege es an der künstlichen Befruchtung, oder aber an eben denselben Gründen, die auch zur Unfruchtbarkeit der Eltern geführt haben.

Eine weitere Tatsache, die IVF-Spezialisten nicht gerne hören werden, ergibt sich aus einer Untersuchung, die in Aberdeen (Schottland) an 580 Frauen mit Kinderwunsch durchgeführt wurde. Ein Teil dieser Frauen erhielt ein Mittel, das die Eierstöcke stimulieren soll, ein Teil bekam Inseminationen (bei dieser Prozedur werden die männlichen Samenzellen direkt in die Gebärmutter gespritzt), das letzte Drittel erhielt keinerlei Behandlung. Von den Frauen, die eine Insemination erhielten, bekamen 23 Prozent ein Kind, von den mit dem Stimulationsmittel behandelten Frauen 14 Prozent – von den Frauen, die keinerlei Behandlung erhielten, bekamen 17 Prozent ein Kind. Daraus könnte man immerhin den Schluss ziehen, dass ein Teil der kinderlosen Ehepaare auch ohne künstliche Hilfe ein Kind bekommen kann, wenn dabei zum Beispiel auch berücksichtigt wird, dass bei 25–30 % der kinderlosen Paare keine Ursache erkennbar ist und dass die Hälfte der befragten Paare während der fruchtbaren Tage der Frau gar keinen Geschlechtsverkehr hatte. Als Schlussfolgerung aus einer solchen Studie könnte man die Beratung und Aufklärung der kinderlosen Paare über die Fruchtbarkeitsvorgänge in Erwägung ziehen, bevor man die künstlichen Prozeduren in Angriff nimmt, die für das Paar ja auch sehr belastend und außerdem sehr kostspielig sind. Das ginge natürlich zu Lasten des Umsatzes einer gerade wieder florierenden Industrie, die verständlicherweise an solchen Alternativen zu ihrer Technik wohl kein Interesse hat.

So wird mit der Verzweiflung ungewollt kinderloser Paare ein gutes Geschäft mit hohen Risiken und geringen Erfolgsaussichten gemacht.

Mehr Menschenmaterial und höhere Umsätze

Die Erlaubnis, auch bei uns mehrere Embryonen herstellen zu dürfen, würde drei Fliegen mit einer Klappe schlagen: mehr Umsatz für die Reproduktionsmediziner, also zumindest das Doppelte des momentanen Verdienstes, um die alten Verhältnisse wieder herzustellen, und gleichzeitig plötzlich auch in Deutschland vorhandenes „Material" für Forschung und weitere Verwendungsmöglichkeiten. Es wird viel Material benötigt: Für die Entwicklung einer einzigen Stammzell-Linie, die dazu auch noch gar nicht wirklich verwendbar ist, weil mit 61 statt der normalen 46 menschlichen Chromosomen versehen, verbrauchte eine Schweizer Forscherin 199 Embryonen. Die dritte Fliege: durch die vorherige Präimplantationsdiagnostik, die in Deutschland hierfür noch zugelassen werden müsste, ist eine ziemlich gute Qualität der künstlich hergestellten Embryonen garantiert. Da stört noch das Embryonenschutzgesetz, das die Herstellung von Embryonen ausdrücklich nur für die Austragung gestattet, aber das kann man ja ändern. Die künstliche Befruchtung ist übrigens auch ganz im Sinne von Eugenikern, von Leuten, die kruden Rassen- und Rassereinheits-Theorien anhängen. Denn durch Selektion vor der Einpflanzung kann man viele Schädigungen und Krankheiten bereits erkennen, bevor das Kind überhaupt in die Mutter darf, und solche Kinder aussortieren, damit sie später nicht der menschlichen Gattungsreinheit und dem Gesundheitssystem zur Last fallen. Das garantiert ein hohes Maß an genetischer Qualität – die guten ins Töpfchen, die schlechten ins Kröpfchen. Eine knappe Mehrheit des Europäischen Parlaments sieht dies wohl ähnlich: Der Gesundheitsausschuss des Parlamentes beriet am 31. März 2009 über einen Bericht, der Bemerkenswertes enthält: es geht um seltene Krankheiten und ihre Bekämpfung, unter anderem heißt es wörtlich: „um seltene Erbkrankheiten zu verhindern, die schließlich zur Ausmerzung dieser seltenen Krankheiten führen werden: (a) durch genetische Beratung der als Überträger der Krankheit fungierenden Eltern und (b) gegebenenfalls und unbeschadet der bestehenden nationalen Rechtsvorschriften und stets auf Freiwilligkeit beruhend – durch die Auswahl gesunder Embryos vor der Implantation" (Zitat aus Änderungsantrag Nr. 24 zu diesem Bericht). Dieses Vokabular passt zu den die Präimplantationsdiagnostik verfechtenden Eugenik-Anhängern; es scheint fast, als kämen solche Ideologien, die man für überwunden glaubte, durch die Hintertür und mit veränderter Argumentation zurück.

Im Januar 2009 hatte ein britisches Ehepaar mit mehreren Todesfällen in der Familie aufgrund von Brustkrebs insgesamt elf produzierte Kinder auf ein Brustkrebsgen prüfen lassen. Einige der Kinder kamen sofort in den Müll, weil sie dieses Gen aufwiesen, von den fünf Kindern ohne Brustkrebs-Gen wurden vier tiefgekühlt und eines eingesetzt. Auf dieselbe Art und Weise werden sogenannte „Spenderkinder" produziert: es wird nur dasjenige Kind zur Schwangerschaft zugelassen, das in der Lage ist, für ein bereits geborenes Geschwisterkind als Gewebespender zu fungieren, um die Krankheit dieses Geschwisterkindes, z. B. Leukämie, zu heilen. Es werden keine Fragen gestellt, so zum Beispiel die Frage, wie sich eigentlich ein Kind fühlen muss, das nur aufgrund einer genetischen Eigenschaft auf die Welt kommen durfte, und nicht, weil die Eltern sich ein Kind gewünscht haben.

Angesichts des durch die Abtreibung normal gewordenen willkürlichen Umgangs mit Kindern vor der Geburt dürfen all diese Entwicklungen niemanden wundern – ein Kind ist verfügbar, bestellbar, verwendbar, handelbar, von der Zeugung an.

Immerhin hat die Große Beschwerdekammer des Europäischen Patentamts (EPA) im Herbst 2008 die grundsätzliche Entscheidung gefällt, dass humane embryonale Stammzellen nicht patentierbar sind, womit sich wenigstens ein kleiner Teil des kommerziellen Interesses an den Kindern erledigt hat.

*„Numerum liberorum finire aut quemquam ex agnatis
necare flagitium habetur"*
*("Die Zahl der Kinder zu beschränken oder irgendeins
der Nachgeborenen zu töten, wird als Schandtat
angesehen").*

Tacitus, „Germania" 19,3

TÖTEN FÜR DEN MACHTERHALT? –
INTERNATIONALE VERFLECHTUNGEN

Am 12. November 2008 wurde der neue Weltbevölkerungsbericht der UNFPA, der Bevölkerungskommission der Vereinten Nationen, vorgestellt, die Tagesschau berichtete
darüber. Vermutlich unbeabsichtigt trafen zwei Welten der
Überbevölkerungstheorie aufeinander. Während die deutsche Entwicklungshilfeministerin Wieczorek-Zeul zur Ver-
ringerung der Bevölkerung vor allem die Verbesserung der
Gesundheitsversorgung und Betreuung der Mütter bei der
Geburt als Ziele nannte und damit zumindest nach außen
hin die Linie vertrat, dass bessere Versorgung automatisch
zu weniger Geburten führt, drückte sich die ebenfalls kurz
befragte Vertreterin der Deutschen Stiftung Weltbevölkerung in ganz anderer Richtung aus: „Es fehlt vor allem an
Kondomen und an der Pille."

Wahrheitsgemäß hätte sie hinzufügen müssen: „Es fehlt vor
allem auch an der Pille danach, an Menstruationsregelung
und all den anderen Möglichkeiten zu möglichst früher und
unauffälliger Abtreibung, damit die Leute gar nicht merken,
was da passiert." Das aber darf sie in der Öffentlichkeit
nicht sagen, nichtsdestoweniger gäbe diese Aussage die
Strategie der in Staaten mit hohen Geburtenraten tätigen
Organisationen wieder.

Die Stellungnahme der Ministerin erstaunt insofern, als sie
sich sonst nicht als ausgewiesene Vertreterin solcher Posi-
tionen zeigt – ganz im Gegenteil: Als Nicaragua im November

2006 ein Gesetz gegen Abtreibung erließ, gehörte sie zu den ersten, die „aus menschenrechtlichen Gründen" energisch eine Revision des Gesetzes forderten, inklusive der Drohung, dem Land Gelder für Entwicklungshilfe zu entziehen. In Deutschland ist es, jedenfalls als Vertreter der Regierung, jedoch (noch) nicht opportun, solche Forderungen zu stellen.

Die oben zitierte Äußerung der Ministerin ist logisch und die einzige Möglichkeit, eine hohe Geburtenrate auf menschenwürdige Art langfristig zu senken. Das Problem dabei ist ein zeitliches: In Mitteleuropa hat diese Entwicklung länger als ein Jahrhundert gebraucht, um Auswirkungen auf die Geburtenrate zu haben. Das geht der UNFPA, dem CEDAW-Komitee (Komitee zur Beseitigung der Diskriminierung der Frau), der FIAPAC und anderen Organisationen aber zu langsam. Eine umfassende Gesundheitsversorgung ist außerdem mit hohem organisatorischen und finanziellen Aufwand verbunden. Man muss Krankenstationen und Hospitäler bauen, das Personal bezahlen, die medizinischen Geräte anschaffen, Medikamente besorgen – das Ganze ohne betriebswirtschaftlichen Gewinn und mit hohen Folgekosten. Vor allem aber leidet die ideologische Marschrichtung solcher Organisationen darunter, die bestimmte Teile der Weltbevölkerung möglichst schnell, umfassend und gewinnbringend dezimieren wollen, eine Theorie, die in diesem Kapitel veranschaulicht werden soll.

Eine klare Strategie

Die Strategie, um diese Ziele möglichst umfassend und mit Zustimmung der nicht-informierten Menschheit zu erreichen, kann wie folgt zusammengefasst werden:

1. Schritt: Armut und Geburtenrate

In einem Staat wird eine hohe Geburtenrate festgestellt und korrekterweise mit der ebenfalls hohen Kinder- und Müttersterblichkeit sowie der allgemeinen Armut in Zusammenhang gebracht. Es folgt der Appell, dass man gegen all dies dringend etwas tun muss, ein Appell, dem jeder halbwegs sozial denkende Mensch bedenkenlos zustimmen kann.

2. Schritt: Frauen befreien

Um diese hohe Geburtenrate zu senken, verbindet man die Situation mit der allgemeinen Diskriminierung von Frauen und Mädchen und schlägt vor, diesen unterdrückten Menschen eine umfassende Beratung zum Thema „reproduktive Gesundheit" und „Familienplanung" anzubieten, damit sie „selbst über ihren Körper bestimmen können". In bereits bestehende medizinische Einrichtungen werden „Familienplanungszentren" integriert. Mit relativ wenig Aufwand und Personal kann man dort Frauen erzählen, wie unterdrückt sie sind, um dann als einzige und einfachste Lösung künstliche Verhütungs- und Abtreibungsmittel anzupreisen – denn nur darum geht es. Niemand spricht von natürlicher Familienplanung, die nach neuesten Studien die sicherste aller Verhütungsmethoden darstellt. Niemand spricht darüber, dass künstliche Verhütungsmittel die Frauen erst recht verfügbar machen, kein Mann muss mehr darauf Rücksicht nehmen, in welchem Stadium des monatlichen Zyklus sich die Frau befindet.

Interessant dabei ist die Frage, wie die Frauen das in den Ländern selbst sehen. Die vielen Kinder, die interessierte Kreise in diesen Regionen gerne verhindern möchten, sind in der Regel gewollt, während die wirklichen Probleme eher in Religion (Islam, Hinduismus), Kultur (Mädchen kosten nur und haben weniger Wert), der wirtschaftlichen Lage und Bildung (vor allem Mädchen brauchen keine) liegen. Die dann ungewollt hohe Kinderzahl ist also vielmehr eine Folgewirkung solcher Zustände als die eigentliche Ursache des Problems.

3. Schritt: Produkte verkaufen

Wenn man den Frauen diese Beratung anbietet, muss man ihnen danach natürlich auch all die Produkte zur Verfügung stellen, welche vorher angepriesen wurden. Und hier kommt das Geschäft zum ersten Mal ins Spiel. Die Produzenten von Pillen und Kondomen, deren Gewinnmaximierung in unseren inzwischen ja schon dekadenten Staaten ausgereizt ist, machen mit den internationalen Organisationen jetzt ihre Milliardengeschäfte in den Ländern der sogenannten Dritten Welt. Natürlich werden die Produkte normalerweise nicht von den Menschen vor Ort bezahlt, die sich diese Dinge gar nicht leisten können. Die Gelder kommen vielmehr aus den reichen Industriestaaten und fließen zu diesem Zweck zum Beispiel in den Bevölkerungsfonds der UNO, die UNFPA, jährlich allein aus Deutschland umgerechnet 19,5 Millionen US-Dollar an Steuergeldern.

Die Verbreitung von künstlichen Verhütungsmitteln allein genügt aber nicht. Die Ideologie besagt, dass „Birth control cannot be managed solely by contraception. Abortion is a necessary back-up" („Geburtenkontrolle kann nicht ausschließlich durch Verhütung geregelt werden. Abtreibung ist eine notwendige Sicherung" – Zitat von Ann Furedi, einer prominenten Beraterin aus Großbritannien und Verfechterin der freien Abtreibung). In logischer Konsequenz müssen die erwiesenermaßen regelmäßig versagenden Verhütungsmittel ergänzt werden durch möglichst „sichere" und „schonende" Abtreibungsmethoden. Es folgt also in jedem Fall der

4. Schritt: Medikamentöse Abtreibung

In Ergänzung zu den künstlichen Verhütungsmethoden werden folgende, oft fälschlich als Verhütungsmittel deklarierte Abtreibungsmethoden angeboten (zu Definitionen und Wirkungsweise siehe die Kapitel zu den Methoden der Abtreibung):

– Spirale (IUD). Die Spirale verhindert die Einnistung des bereits entstandenen Kindes in die Gebärmutter
– Pille danach. Eine wesentliche Wirkung dieses Präparates besteht darin, die Nidation zu verhindern.
– RU 486 / Mifepriston in Kombination mit einem Prostaglandin
– Menstruationsregelung, vor allem mit Manuellen Vakuum-Aspiratoren
– Operative Abtreibung bzw. Einleitung der Geburt nach vorheriger Tötung des Kindes zu jedem Zeitpunkt der Schwangerschaft

In Staaten wie Kenia mangelt es ständig an Antibiotika oder sterilem Verbandszeug, wohingegen immer und überall Spiralen und Kondome verfügbar sind.

5. Schritt: Abtreibung legalisieren

In allerletzter Konsequenz pochen, und das ist der aktuelle Stand der Vorgehensweise, alle hier verbündeten Organisationen darauf, dass Abtreibung überall auf der Welt legalisiert wird. Die Argumentation ist geschickt und erinnert an die Legalisierung der Abtreibung in den USA. Damals erfand man horrende Zahlen von Frauen, die angeblich bei heimlich versuchten Abtreibungen sterben (nachzulesen z. B. in „Die Hand Gottes" von Nathanson, einem ehemaligen Abtreiber). Dasselbe wird heute wieder versucht. Obwohl die Verfechter der Legalisierung selbst zugeben, dass sie nicht einmal die genaue Bevölkerungszahl in Nigeria kennen, wissen sie dagegen ganz genau, dass der größte Anteil der „Müttersterblichkeit" durch misslungene Abtreibungen zustande kommt, in Nigeria laut CEDAW jährlich angeblich 34.000 Frauen. Andere Quellen (Clinical Health Magazine) nennen die Zahl von insgesamt ca. 52.000 Frauen, die pro Jahr in Nigeria an „mit Schwangerschaft verbundenen Gründen" sterben. Das würde bedeuten, dass in diesem Land über 65 % aller Todesfälle in diesem Zusammenhang durch illegale Abtreibungen verursacht werden. Dieses Zahlenverhältnis passt jedoch in keiner Weise zu den üblichen Angaben der Weltgesundheitsorganisation, nach denen weltweit 13 % von insgesamt 500.000 Todesfällen mit Abtreibung zusammenhängen. In Agenturmeldungen und Zeitungen (z. B. taz vom 20. September 2008, FAZ vom 2. November 2006) wird demgemäß immer ungefähr die Zahl 70.000 genannt – die Menge der angeblich bei verpfuschten heimlichen Abtreibungen gestorbenen Mütter pro Jahr. Dies hieße wiederum für Nigeria, dass fast die Hälfte aller Abtreibungen mit Todesfolge weltweit allein auf dieses Land fiele. Das Beispiel zeigt, wie hier mit unbelegbaren, in den Raum geworfenen Zahlen operiert wird. Erstaunlich dabei ist, dass Medien, die bei vielen anderen Themen akribisch jede Zahl nachrechnen und nach Haken suchen, bei Meldungen dieser Art weder Zweifel hegen noch eigene Recherchen durchführen.

Die perfide Argumentation geht dahin, die Abtreibung in die Müttersterblichkeit zu integrieren und dann mit dem hehren

Ziel anzutreten, diese zu senken, ein Ziel, dem wieder jeder zustimmen kann, wenn er die Fakten nicht kennt. Dieselbe heimliche Strategie erfolgt beim Thema „reproduktive Gesundheit". Niemand wird einer Frau in Nigeria vollständige Aufklärung und ganzheitliche, sichere gesundheitliche Unterstützung versagen wollen, also findet man die Initiative gut. Darin versteckt integriert sind aber auch sämtliche Methoden der Abtreibung, eine Tatsache, die selbst dann schwer zu finden ist, wenn man sich der Aufgabe unterzieht, die immer weitschweifigen und kaum lesbaren Dokumente der UNFPA und anderer zu durchforsten, die im übrigen praktisch nie ins Deutsche übersetzt sind. Die an der Neu- und Umdefinition beteiligten Organisationen geben selbst unumwunden zu, dass in den offiziellen Schlussdokumenten beispielsweise der Weltbevölkerungskonferenz von Kairo 1992 (vor allem auf Betreiben des Vatikans und muslimischer Staaten) ausdrücklich betont wird, Abtreibung dürfe keinesfalls ein Mittel der Familienplanung sein (Schlussdokument, 8.25: „Auf keinen Fall sollte der Schwangerschaftsabbruch als eine Familienplanungsmethode gefördert werden").

Neben der erzwungenen eher versteckten Strategie zur Freigabe der Abtreibung haben Ideologen wie Frau Furedi aber noch andere Ziele: „I want my child to grow up in a society that allows people to have sex without fear of consequences" („Ich möchte, dass mein Kind in einer Gesellschaft aufwächst, die es Menschen erlaubt, Sex ohne Angst vor Konsequenzen zu haben" – aus: Conscience, Ausgabe Frühjahr 2008). Hier besteht eine näher zu erforschende Zusammenarbeit mit Organisationen, die sich im Bereich Gender und Homosexualität als Normalzustand bewegen. Bereits belegt ist eine angestrebte Zusammenarbeit mit Aids-Organisationen: Auf der letzten Aids-Konferenz in Mexiko Anfang August 2008 ging es auch um den Zusammenhang zwischen „SRH" (Sexual and Reproductive Health) und HIV sowie mögliche „Synergien".

Das Ergebnis dieser immer erfolgreicheren Strategie der Abtreiberfraktion sind weit über 40 Millionen durch Abtreibung getötete Kinder pro Jahr – es ist die häufigste Todesursache der Welt. Zum Vergleich: An Herz-Kreislauf-Krankheiten sterben jährlich 17,1 Millionen Menschen, an Krebs 7,4 Millionen, an Aids 2,4 Millionen, an Hunger 10,2 Millionen Menschen – alle Zahlen sind offizielle Angaben der UNO bzw. der Weltgesundheitsorganisation WHO.

Wie weit die Ideologie gehen kann, wenn sie nicht versteckt, sondern ganz offen zutage tritt, zeigt folgende Begebenheit: Seit vielen Jahren weist die UNO selbst besorgt auf die wachsende zahlenmäßige Diskrepanz zwischen Frauen und Männern in asiatischen Staaten wie China, Südkorea oder Indien hin. In Indien werden täglich 7.000 Mädchen weniger geboren als zu erwarten wäre, hier kommen auf 100 Mädchen schon 140 Jungen. Zusammengenommen fehlten 2005 in China, Indien, Nepal und Vietnam bereits 163 Millionen Frauen. Die Zahlen ergeben sich einzig und allein aus der Tatsache, dass in diesen Ländern gezielt Mädchen abgetrieben werden, ein Faktum, das die Feministinnen der ganzen Welt auf die Barrikaden jagen müsste. Südkorea und die USA brachten im März 2007 auf der 51. Sitzung der UNO-Kommission für den Status der Frau einen Entschließungsantrag zur Abschaffung der vorgeburtlichen Selektion ein, um diese gezielte Abtreibung von Mädchen zu beenden. Der Antrag wurde von der EU blockiert, deren deutsche Vertreterin Tina Moll zur Begründung angab, dass dies ein heimlicher Angriff der USA gegen Abtreibung sei, den man nicht mittragen wolle – es gab keine Entschließung.

Im Augenblick beruft man sich besonders auf die sogenannten „Millenniums-Ziele" der UNO. Das 5. Ziel lautet
„Verbesserung der Gesundheit von Müttern: Die Müttersterblichkeit soll um drei Viertel gesenkt werden." Aufgrund
dieser Formulierung versuchen die betreffenden Organisationen zur Zeit besonders massiv, ihre Forderung nach „Zugang zu sicherer und legaler Abtreibung" zur „Senkung der
Müttersterblichkeit" durchzusetzen. Wie erfolgreich diese
Strategie ist, lässt sich an zwei Dokumenten verdeutlichen:
Am 16. April 2008 verabschiedete der Europarat eine Resolution, die seine Mitgliedsstaaten dazu auffordert, den
Zugang zu sicherer und legaler Abtreibung zu garantieren,
wenn auch mit der Einschränkung, die Abtreibung nicht als
Mittel zur Familienplanung anzusehen, eine Formulierung,
die inzwischen Makulatur ist. Aber bereits seit Jahrzehnten ist diese Vorgehensweise gezielt geplant worden. Das
EU-Parlament verabschiedete schon am 12. März 1990
eine Entschließung, in der es unter anderem heißt: „äußert
erneut seinen dringenden Wunsch, dass die EG-Länder,
wo dies noch nicht der Fall ist, eine Legalisierung der frei-
willigen Schwangerschaftsunterbrechung vornehmen und
dass alle Mitgliedsstaaten für eine sichere, erschwingliche
und allen Frauen zugängliche Abtreibungshilfe Sorge tragen".

In einer weiteren Entschließung des Parlamentes vom
4. September 2008 wird mit Berufung auf Senkung der Müttersterblichkeit (mit Verweis auf die bekannten, unbelegbaren Zahlen), Beseitigung der Diskriminierung und andere
Aspekte gefordert, „dass alle Frauen Zugang zu umfassen-
den Informationen in bezug auf die sexuelle und reproduktive Gesundheit und zu entsprechenden Dienstleistungen
haben" (Punkt 7) – unter Einbeziehung aller Informationen und
Methoden, die in diese Begriffe hineininterpretiert werden.
Außer acht gelassen wird dabei, dass die Kompetenz der

Gesetzgebung im Hinblick auf Abtreibung ausschließlich bei den Staaten selbst liegt.

Allein die EU hat aufgrund einer Verordnung vom 15. Juli 2003 für solche Zwecke zwischen 2003 und 2006 fast 74 Millionen Euro als finanziellen Rahmen festgelegt.

Die Weltgesundheitsorganisation WHO hatte schon 1971 ein „Human Reproductive Programme" aufgelegt, das als erklärtes Ziel die Verminderung der Weltbevölkerung nannte. Zwischen 1990 und 1991 wurden zur Verwirklichung solcher Programme 6,7 Millionen US-Dollar für „empfängnisverhütende Produkte in der Entwicklung" ausgegeben, davon etwa 50 % allein für die RU 486 (siehe dazu S. 30). Ein weiterer Posten von 1,09 Millionen Dollar ging in die Vorbereitung für klinische Versuche mit den sogenannten anti-hCG-Impfstoffen (siehe dazu S. 40).

Auch in Deutschland gibt es Vereine und Organisationen, die sich diese Ideologie längst zu eigen gemacht haben: hierzu zählen „Pro Familia" (zu diesem Verein siehe auch S. 19 ff. und weiter unten) und die Deutsche Stiftung Weltbevölkerung, daneben z. B. auch die Heinrich-Böll-Stiftung, die Vorträge mit dem Titel „Fundamentalismus und Frauenrechte" veranstaltet: „Wir gehen von einem Verständnis aus, dass es verschiedene Fundamentalismen – christliche, muslimische, jüdische etc. – gibt." Nach Ansicht der Veranstalter wollen alle diese Fundamentalismen die sexuellen und reproduktiven Rechte der Frauen beschränken. Referentinnen kommen z. B. von der amerikanischen Pro-Abtreibungs-Gruppe „Catholics for a free Choice" oder von der nigerianischen WACOL, die dieselben Ziele vertritt, doch auch Marieluise Beck, zu der Zeit (September 2005) Parlamentarische Staatssekretärin des deutschen Familienministeriums, nahm als Vortragende daran teil.

Die krudeste Entwicklung auf diesem Gebiet zur Zeit ist wohl die, einen Verein gegründet zu haben, der Familien verpflichtend zu höchstens zwei Kindern zwingen will – aus Umweltschutzgründen, weil Menschen zu viel CO_2 produzieren. Angeblich hat dieser Verein schon 1.500 Mitglieder.

Unter den internationalen Organisationen, die sich besonders in der Verbreitung dieser Strategie hervortun, sind unter anderem zu nennen:

UNFPA – Umwegfinanzierung durch die UNO

Der bereits erwähnte Bevölkerungsfonds der UNO verfügt über ein Jahresbudget von 470 Millionen US-Dollar (2008), die er nicht von der UN erhält, sondern ausschließlich als freiwillige Beiträge vor allem von Staaten und staatlichen Organen. Davon gibt sie nach eigenen Angaben zur Zeit 38 % (148,1 Millionen) für „reproduktive Gesundheit" aus. Die Organisation vergibt regelmäßig einen Bevölkerungspreis (Population Award of the UN) für besonders hervorzuhebende Leistungen im Bereich der Bevölkerungskontrolle. 1983 zum Beispiel erhielt den Preis der chinesische Minister für „Familienplanung" aus den Händen des damaligen Exekutivdirektors Rafael Salas. Zwischen 1990 und 1994 hatten die Chinesen für ihre Ein-Kind-Politik mit Zwangsabtreibungen bis zur Geburt insgesamt 57 Millionen US-Dollar an Unterstützung von der UNFPA erhalten. Die derzeitige Exekutivdirektorin Thoraya Obaid rief kürzlich dazu auf, deutlich mehr Geld auszugeben, vor allem für Bevölkerungsprogramme (ausschließlich Programme zur Reduzierung der Bevölkerung) und „reproduktive Gesundheit". Den UN-Menschenrechtspreis 2008 erhielten unter anderem die für ihre aktive Haltung im Hinblick auf Abtreibung bekannte Louise Arbour (eine frühere UN-Kommissarin für Menschenrechte) und „Human Rights Watch" (HRW), eine Organisation, die seit langem vor allem in Süd- und Mittelamerika für die Legalisierung der Abtreibung eintritt. Nicht zufällig wurde eine weitere Verfechterin dieser Richtung, die Südafrikanerin Navanethem Pillay, im Juli 2008 zur neuen UN-Kommissarin für Menschenrechte ernannt. Sie gehört unter anderem dem Frauenrechtsverband „Equality Now" an, der ganz selbstverständlich reproduktive Rechte inklusive aller Abtreibungsmethoden fordert.

Die Betrachtung der UNFPA ist auch deshalb interessant, weil diese Organisation offiziell keine Abtreibungspropaganda betreiben darf und daher relativ vorsichtig vorgehen muss. Die Methode ist jedoch einfach: Die Organisation arbeitet intensiv mit sogenannten NRO (Nicht-Regierungs-Organisationen, englisch NGO) zusammen, die entsprechend freier agieren können. Diese Organisationen erhalten von der Bevölkerungskommission das Geld, das sie benötigen, um in den Staaten der Dritten Welt ihre Bevölkerungs-Dezimierungsprogramme durchführen zu können. Damit ist die UNFPA von der Verantwortung befreit und kann dennoch genau im Sinne der Bevölkerungsdezimierung agieren. Manch einer, der sich mit der Geschichte und den führenden Personen des Bevölkerungsfonds näher beschäftigt hat, vertritt die These, dass der Fonds überhaupt nur für solche Zwecke gegründet worden ist.

Die neuesten Meldungen nennen einen Zuschuss von 50 Millionen Dollar, den die neue US-Regierung für die UNFPA bereits freigegeben habe, mittlerweile gibt es im amerikanischen Kongress Abgeordnete, die eine Erhöhung dieses jährlichen Zuschusses fordern: auf 530 Millionen US-Dollar. Nach wie vor bestreitet der Bevölkerungsfonds übrigens vehement, dass er Abtreibungs-Propaganda und/oder -Förderung betreibe.

Besonders gefördert werden mit diesen Geldern des Bevölkerungsfonds Ipas, IPPF (beide siehe unten) und MSI (Marie Stopes International). Letztere ist eine britische Gründung, die 1921 das erste Zentrum zur „Geburtenkontrolle" in London eröffnete, unter anderem auch mit dem Ziel, erbkranke Menschen zu sterilisieren. Im November 2008 stellte die ugandische Präsidentengattin berechtigterweise die besorgte Frage, ob MSI, das in ihrem Staat viele Einrichtungen betreibt, etwa mehr oder weniger heimlich Abtreibungen vornähme. Denn auch „Marie Stopes International" tritt offiziell mit dem hehren Ziel der „Familienplanung" und Verbreitung „reproduktiver Rechte" an. Der Verein verfügt über 100 Millionen US-Dollar Jahresbudget (2006) und „hilft" nach eigener Aussage „jährlich etwa 5 Millionen Menschen in 40 Staaten". Im Internet hatte MSI eine Unterschriftenliste zur Legalisierung der Abtreibung initiiert – dass nach einem Jahr lediglich 500 Unterstützer-Unterschriften zusammenkamen, davon etwa die Hälfte von eigenen Mitarbeitern, wird gerne verschwiegen. Ein weiterer Beleg dafür, dass die Öffentlichkeit noch nicht so weit ist, ganz offen für die Forderung nach freier Abtreibung empfänglich zu sein.

Marie Stopes, die Gründerin, genießt auch heute noch große Verehrung in Abtreiberkreisen, so zum Beispiel bei FIAPAC (Fédération Internationale des Associés Professionnels de l'Avortement et de la Contraception), dem Verband der Profi-Abtreiber.

Finanzielle Unterstützung erhält auch das US-amerikanische „Center of Reproductive Rights" (CRR), eine Organisation, die vor allem durch Stiftungen finanziert wird (z. B. Hewlett & Packard, Ford, MacArthur) und über ein jährliches Budget von 14 Millionen Dollar verfügt. Diese Gelder werden unter anderem dazu verwendet, auf den Philippinen Klagen anzustrengen, die „reproduktive Rechte" dort durchsetzen und etablieren sollen.

Um die Marschrichtung der Bevölkerungskommission zu erkennen, genügt der Blick in den neuesten, anfangs erwähnten Weltbevölkerungsbericht von 2008: Während wirklich drängende Bedrohungen der Weltbevölkerung wie Kriege, Wassermangel, Mangel an sauberem Trinkwasser oder Malaria und Tuberkulose nicht ein einziges Mal erwähnt werden, kommt der Begriff der „reproductive rights" etwa 80mal vor. Verglichen mit dem Bericht von 2004 fehlt in der aktuellen Version zum Beispiel auch der klare Hinweis darauf, dass gegen die Müttersterblichkeit vor allem ausgebildetes Geburtshilfepersonal dringend vonnöten ist, außerdem „gynäkologische Notfallversorgung" – das klingt durchaus vernünftig, jedoch macht dieser Begriff im nachhinein hellhörig, denn eine solche Versorgung kann problemlos auch Abtreibungen beinhalten, je nachdem, wie man den gynäkologischen Notfall definiert. Man muss bei genauer Durchsicht solcher Dokumente zumindest den Eindruck gewinnen, als wäre dieses Hauptziel der Bevölkerungsverringerung in den Entwicklungsländern von langer Hand vorbereitet worden und würde systematisch verfolgt. Die durchgängige Verwendung des Begriffes „reproduktive Rechte" weist darauf hin, dass die einschlägigen Organisationen sich bequem auf diesen einen Begriff verlegt haben, um alle ihre Ziele darin zu verbergen.

IPPF – Der Dachverband von „Pro Familia"

Die „International Planned Parenthood Federation" wurde 1952 in Bombay gegründet und hat heute 139 Verbände in über 180 Staaten, wozu auch die deutsche „Pro Familia" gehört, die sich ausdrücklich zu den Zielen der IPPF bekennt und danach arbeitet. Die Ziele der IPPF liegen ausschließlich in der „Familienplanung", der Aufklärung über künstliche Verhütungsmethoden, der Verbreitung aller entsprechenden Mittel für die Anwendung von jugendlichem Alter an sowie in Einrichtung und Betrieb von professionellen Abtreibungsinstitutionen. Der absichtlich positiv gewählte Begriff der Familienplanung sollte per definitionem das Recht der Eltern beinhalten, die Zahl ihrer Kinder selbst zu wählen, und wird oft auch noch so erklärt. Er ersetzt aber vielmehr den früher verwendeten Begriff der Bevölkerungs- oder Geburtenkontrolle, beides Begriffe, die negativ klingen und zu sehr in Zusammenhang mit Rassentheorien und Eugenik gebracht werden – zu Recht, wie man inzwischen sehen kann. Der Ersatzbegriff der Familienplanung ist von den Organisationen, die sie aggressiv betreiben, auch so gemeint: Es geht nicht um selbstbestimmte Wahl der Eltern, sondern es geht darum, in jedem Staat möglichst flächendeckend die Bevölkerung durch Senkung der Geburtenrate und Erhöhung der Abtreibungsrate zu verringern.

Die bekannteste Führungsperson aus der Anfangszeit der IPPF, Margaret Sanger, hatte, wie schon einige Autoren nachgewiesen haben, gute Kontakte zu Rassetheoretikern, es sind von ihr viele Zitate bekannt, die nur als rassistisch und menschenverachtend bezeichnet werden können.

Im November 2008 wies der schwarze amerikanische Bischof Holley darauf hin, dass die Abtreibungseinrichtungen der amerikanischen „Planned Parenthood" sich zu 80 % in von Schwarzen und anderen Minderheiten bewohnten Stadtvierteln befänden, was die rassistische Haltung des Vereins untermauert. Nach neuesten Studien sei, so der Bischof, die Abtreibungsrate bei schwarzen Frauen fünfmal höher als bei weißen Frauen – seit 1973 hätten über 13 Millionen schwarze Mütter abgetrieben. Ein fingierter Anruf bei einem Spendeneinwerber der IPPF geriet im Februar 2008 an die Öffentlichkeit: Ein Anrufer wollte spenden, aber nur zur Dezimierung von Schwarzen, was der Spendenwerber lachend einsah. 2007 erreichte der Jahres-Umsatz der amerikanischen „Planned Parenthood" zum ersten Mal die Grenze von einer Milliarde Dollar, womit sie mit Abstand das größte Abtreibungs-Unternehmen überhaupt ist. Kleinere Anbieter wie Amy Hagstrom Miller beklagen, dass die Konkurrenz frustrierend sei, und hat ihren Preis für Abtreibungen im ersten Trimester um 50 Dollar gesenkt, um mehr Kunden anzulocken (Meldung von LifeNews.com, 23. Juni 2008).

Allein in den USA erhält diese Organisation jährlich 300 Millionen Dollar an Steuergeldern, im Jahr 2007 bekam sie weitere 115 Millionen Dollar von anderen Staaten, von der EU-Kommission, der UNFPA, der Bill und Melinda-Gates-Stiftung und weiteren Organisationen. Da UNFPA und IPPF bis zum Ende der Regierung Bush immer wieder Probleme hatten, weil die US-Regierung oder der US-Senat die für die Organisationen vorgesehenen Zuschüsse einfroren, wurden diese Finanzierungslücken seit 2002 durch die EU-Kommission geschlossen. Dies bedeutet, dass europäische und damit auch deutsche Steuergelder in die Finanzierung von Abtreibungen in den USA geflossen sind und noch fließen. Die Einfrierung der Zuschüsse (unter der Regierung Bush durch die sogenannte „Global Gag Rule" manifestiert) ergab sich vor allem daraus, dass beide Organisationen offensichtlich abtreibende Mittel propagierten, vor allem die

Pille danach. Dies war ein Grund für den jeweiligen Präsidenten oder Senat, diese Gelder einzubehalten.

Mit dem neugewählten Präsidenten Barack Obama, dem ersten amerikanischen Präsidenten mit einer ganz eindeutigen Pro-Abtreibungs-Haltung, brechen herrliche Zeiten für beide Organisationen an. Eine weitere Maßnahme wird vermutlich die schnelle Abschaffung der „Global Gag Rule" sein, die durch eine einfache Anordnung des Präsidenten aufgehoben werden kann. Bereits als Senator hatte Obama sich vielfach als Abtreibungs-Befürworter hervorgetan. Wie wichtig diese Präsidenten-Wahl für IPPF war, zeigt die Kampagne, die sie gemeinsam mit NARAL und „Emily's List" (zwei wichtigen „Pro choice"-Lobbys) gegen McCain und Palin führte – die drei Vereine stellten nach der Nominierung von Frau Palin zur Vizepräsidentin spontan 30 Millionen Dollar zur Verfügung, um die Kandidatin zu diffamieren und deren Wahl zu verhindern, eine Rechnung, die aufgegangen ist. Für IPPF geht es um viel Geld: Nach einer Studie des „Guttmacher Institute", das der Abtreiberfraktion sehr nahe steht, betrugen die staatlichen Ausgaben für „Familienplanung" im Steuerjahr 2006 in den USA 1,85 Milliarden Dollar, davon 4,8 % ausschließlich für Abtreibungen, was einer Summe von knapp 90 Millionen Dollar entspricht. Über 177.000 Abtreibungen in den USA wurden 2006 mit öffentlichen Geldern finanziert. Aus deutschen Steuermitteln erhielt die IPPF in den 1990er Jahren jährlich 8 Millionen DM (ohne Zuschüsse an „Pro Familia"), die „bevölkerungsaktive" Organisation UNFPA bekam 47 Millionen DM.

Und der neue Präsident hat noch mehr gerichtet: Ab sofort dürfen in den USA auch Mädchen unter 18 Jahren die „Pille danach" ohne Rezept kaufen, dies hat soeben ein Richter entschieden. Anscheinend hatte Präsident Bush bei der amerikanischen Zulassungsbehörde vorher jahrelang eine solche Entscheidung verhindert. Der letzte Schritt, auf den die Verfechter der freien Sexualität und Abtreibung noch warten, ist die Unterzeichnung des FOCA, des „Freedom of Choice Act", was er in einer Rede im Juli 2007 vor IPPF-Vertretern zugesagt haben soll. Diese Gesetzesvorlage will Abtreibung vollständig legalisieren, das Weigerungsrecht für medizinisches Personal an der Mitwirkung daran aufheben und letztendlich die Abtreibung als normales Frauenrecht etablieren. Somit entpuppt sich der neue Messias aus den USA im Hinblick auf das Lebensrecht vor der Geburt eher als Herodes.

Ipas – Tödliche Geschäfte in der Dritten Welt

Die amerikanische Ipas ist offiziell eine „Non-Profit-Organization", was in etwa unserem Status der Gemeinnützigkeit entspricht. Der Untertitel des Vereins lautet „Protecting women's health" (Zum Schutz der Gesundheit der Frauen). Dieser Schutz wird mit dem Verkauf von 100.000 Manual Vacuum Aspirators jährlich vor allem an die Drittwelt-Staaten gefördert. Besonders in Staaten, in denen Abtreibung illegal ist, erfreuen sich diese Geräte, die ohne Strom funktionieren und leicht zu handhaben sind, großer Beliebtheit. Denn sie werden (siehe S. 46) ja nur zur Menstruationsregelung eingesetzt. Als weitere wichtige Wirkungsweise wird vom Hersteller angegeben, dass im Fall einer Fehlgeburt diese Geräte lebensrettend sein können, um Reste aus der Gebärmutter zu entfernen, was korrekt ist. Diese Funktion des Geräts jedoch fehlt in den Prospekten und Produktbeschreibungen von Ipas vollständig. Der eigentliche Hauptgrund des Vertriebs ist die versteckte Abtreibung, und zwar so früh, dass man den Gebärmutterinhalt mikroskopisch untersuchen müsste, um darin das Kleinstkind zu finden, das gleich mit abgesaugt wird. Wenn jedes Gerät täglich nur sechsmal eingesetzt wird und nur jeder zweite Fall der „Menstruationsblockade" auf einer Schwangerschaft beruht, ergibt sich pro Woche mit fünf Arbeitstagen die Zahl von 1,5 Millionen abgetriebenen Kindern weltweit – ein Verkaufsjahr von Ipas kann also mit ungefähr 78 Millionen abtreibenden Anwendungen des Gerätes aufwarten. Da diese Abtreibungen nicht als solche erfasst werden und viele Frauen gar nicht wissen, dass sie gerade eine Abtreibung haben vornehmen lassen, tauchen sie auch nicht in der Statistik auf. Rechnet man diese Zahlen zu den offiziellen hinzu, tritt das ungeheure Ausmaß der offenen und versteckten Abtreibungen zutage: addiert zu den gesicherten 40 Millionen Abtreibungen, ergäbe die Summe aller offenen und heimlichen Abtreibungen weltweit mindestens 120 Millionen Kinder, die jedes Jahr vor der Geburt getötet werden.

Eine überschlagsmäßige Kalkulation mit 1 Million MVAs (vermutlich sind es weit mehr) in regelmäßigem Umlauf ergibt eine noch signifikant höhere tatsächliche Zahl von heimlichen Abtreibungen bei Frauen in der Dritten Welt, denn vor allem dorthin werden die Geräte verkauft, nach Aussage von Christopher Bross von Ipas neuerdings besonders nach Nigeria, Äthiopien, Ghana und Südafrika. Etwa seit 1998 wird das Gerät aufgrund der kostengünstigen Verwendung ohne die Notwendigkeit einer Anästhesie auch in den USA verstärkt genutzt – mit Schwerpunkt auf den Einrichtungen der „Planned Parenthood". Hierzu verteilt Ipas eine in solchen Einrichtungen seit 1998 durchgeführte Studie mit dem Titel „Early surgical abortions: Efficacy and safety" (Frühe chirurgische Abtreibung: Wirksamkeit und Sicherheit), in der auch der besonders frühe Zeitpunkt der Anwendungsmöglichkeit bis zur 6. Schwangerschaftswoche gelobt wird. In diesen Studien tritt die eigentliche Verwendung der Geräte klar und ohne jegliche Einschränkung hervor: als Methode der frühen Abtreibung. Ein weiterer positiver Nebeneffekt, der schriftlich nicht zu finden ist, aber auf mündliche Nachfrage am Ipas-Stand auf dem letzten FIAPAC-Kongress in Berlin (Oktober 2008) gerne bestätigt wurde: Durch die immer besser entwickelte, besonders schonende Methode bleiben die bei der Abtreibung getöteten Kinder so unversehrt, dass man sie danach noch für die Forschung oder andere Weiterverwendung nutzen kann. In Mexiko, wo die Abtreibung gerade zum Teil legalisiert wurde, sind neben der RU 486 auch MVAs besonders verbreitet (29 % der bisherigen Abtreibungen in Mexiko wurden mit MVAs vorgenommen, 37 % mit Mifepriston/Prostaglandinen). Laut Christopher Bross gab es dort eine wunderbare Zusammenarbeit zwischen Ipas und dem mexikanischen Gesundheitsministerium – Ziel war ein „high quality service" – wohlgemerkt, der Begriff bezieht sich auf die Tötung von Kindern vor der Geburt.

Gelder für die Verwirklichung dieses und des zweiten Ipas-Mottos „Advancing women's reproductive rights" (Die reproduktiven Recht der Frauen voranbringend) erhält Ipas vor allem von der IPPF, die wiederum ihre Gelder unter anderem von der UNFPA bezieht. Mr. Bross erklärte in einem persönlichen Gespräch, dass die UNFPA seinen Verein offiziell natürlich nicht unterstützen dürfe, über den Umweg der IPPF sei dies aber kein Problem.

Bangladesh als „Erfolgsgeschichte"

In Bangladesh wird die Menstruationsregelung seit den 1970er Jahren in großem Stil betrieben, ohne dass es in dem Staat, in dem Abtreibung illegal ist, damit Probleme gibt – denn MVAs dienen ja lediglich Menstruationsregelung bzw. Menstruationsförderung. Das vorgebliche Ziel der UNFPA und anderer Organisationen, die hier in großem Stile tätig sind, ist, die wirtschaftliche Entwicklung zu verbessern, was ja vor allem durch die Senkung der Geburtenrate erreicht werden soll, die Armut zu verringern und damit der Bevölkerung Gutes zu tun. Wie sieht das in Bangladesh aus? Durch die massive Familienplanungspolitik sank die Geburtenrate in diesem Land in den letzten 30 Jahren tatsächlich auf nur noch 2,9 Kinder pro Frau. Das ist eine Geburtenrate, die gemäß der gängigen Argumentation der Senkung der Armut und der Steigerung der Wirtschaft sehr förderlich sein müsste. Nichtsdestoweniger aber gehört Bangladesh nach wie vor zu den ärmsten Entwicklungsländern überhaupt – die Frage, inwieweit man die Strategie schnellstens ändern müsste, weil sie ganz offensichtlich so nicht funktioniert, wird nicht gestellt, ganz im Gegenteil, sie soll noch verstärkt werden. Mit Hilfe des niederländischen Staates, der Regierung von Bangladesh und NROs wurde zuletzt im Frühjahr 2008 ein neues Vierjahresprogramm für „Menstrual regulation / menstrual extraction" aufgelegt, das ein Budget von 2,73 Millionen Dollar umfasst.

Noch deutlicher sagt es der „UN Population Division Policy Brief" vom März 2009, der vom „Department of Economic And Social Affairs" der Vereinten Nationen herausgegeben wird und die Entwicklung in Bangladesh als „success story" bezeichnet, als Erfolgsgeschichte. Das Schreiben beschäftigt sich mit den in der Statistik der UN aufgelisteten 49 unterentwickeltsten Staaten der Welt. Von diesen Staaten weisen im Jahr 2005 immer noch 31 Länder eine Geburtenrate von über 5 Kindern pro Frau auf. Daraus folgert man, dass „The persistence of high fertility in the majority of the least developed countries and the slow fertility reductions observed among them are associated with high levels of unmet need for family planning" („Die immer noch vorhandene hohe Fruchtbarkeit in den meisten der unterentwickeltsten Staaten und die langsame Fruchtbarkeitssenkung, die in diesen Staaten beobachtet wird, sind verbunden mit einem hohen Maß ungedeckten Bedarfs an Familienplanung"). Es wird überhaupt nicht gefragt, ob es in den Staaten wirklich von seiten der Bevölkerung, von seiten der Mütter einen „ungedeckten Bedarf an Familienplanung" gibt, es wird einfach als gegeben hingestellt. Weiterhin wird beklagt, dass immer noch höchstens 24 % der gebärfähigen, in fester Bindung lebenden Frauen „moderne" Methoden der Empfängnisverhütung anwenden, während es in anderen Entwicklungsländern 60 % seien. Um aber die Fruchtbarkeitsrate in diesen ärmsten Ländern wirklich zu senken, müßte die Nutzungsrate von nur 12 % in einigen dieser Staaten bis 2015 verdreifacht werden.

Als eines der ärmsten Länder in der Liste wird Nigeria angeführt. Auf diesen Staat praktisch angewandt, hieße diese Verdreifachung folgendes: Nigeria hat etwa 144 Millionen Einwohner, die Hälfte davon Frauen und Mädchen. Man kann davon ausgehen, dass mindestens 30 Millionen Nigerianerinnen im gebärfähigen Alter sind, die Nutzungsrate von künstlichen Verhütungsmitteln beträgt in Nigeria um die 10 Prozent. 20 % mehr, die gewünschte Steigerungsrate der UN, bedeutet die Zahl von mindestens 6 Millionen Frauen, die künstliche Verhütungsmittel anwenden sollen. Dies entspricht fast der Anzahl sämtlicher Frauen in Deutschland, die regelmäßig die Pille verwenden. Für jeden Hersteller von solchen Mitteln verheißen die bevölkerungsreichen afrikanischen Staaten traumhafte Zahlen von potentiellen zusätzlichen Kundinnen, selbst wenn die Mittel in Nigeria sehr preiswert angeboten oder ebenso preiswert an die UNFPA oder andere Organisationen verkauft werden, die den Vertrieb in diesen Staaten übernehmen. Übrigens sind auch die Gewinne für andere Branchen nicht unbedeutend: Ein großes Problem für den Transport von Verhütungsmitteln zum Beispiel nach Afrika ist das Klima, das der Haltbarkeit sowohl von Pille wie auch von Kondomen zu schaffen macht. An der Kühlung und adäquaten Lagerung von Kondomen verdiente eine darauf spezialisierte Firma zwischen 1992 und 1997 24 Millionen US-Dollar. An den Kondomen selbst kann ebenfalls viel Geld verdient werden, weil es immer um riesige Mengen geht. Zwischen 1968 und 1995 sind nach Berichten 10,5 Milliarden Kondome in Staaten der sogenannten Dritten Welt gegangen, bei einem Preis von nur 50 Cent pro Stück hätten die Produzenten an dem Gummi über 5 Milliarden Euro verdient.

Amnesty International: vorsichtige Propagierung der Abtreibung

„Amnesty International" hat ebenfalls die Strategie hin in Richtung „Abtreibung sicher und legal anbieten" geändert, beruft sich bisher offiziell aber nur auf den Aspekt, in Extremfällen abtreiben zu dürfen und im Fall einer Gefährdung einer Frau nach einer Abtreibung medizinische Hilfe zu garantieren. Abtreibung soll aber laut Pressemitteilung auch dann für eine Frau möglich sein, wenn „ihre Schwangerschaft (…) schwerwiegend die Gesundheit bzw. das Leben der Frau bedroht". Mit dieser Formulierung sind jegliche Interpretation und damit eine Abtreibungsfreigabe durch die Hintertür möglich. Noch aber ist „Amnesty International" so vorsichtig, intern vorzuschreiben, wie man eine Stellungnahme dazu gegenüber der Presse formulieren solle, und dass man auf keinen Fall eine Erklärung zu Abtreibung im allgemeinen abgeben dürfe, denn da sei man „weltanschaulich neutral". Im Zuge der Diskussion um diese Richtungsänderung gab auch die renommierte Organisation „Ärzte ohne Grenzen" zu, „im Notfall" Abtreibungen vorzunehmen, gab jedoch keine näheren Erklärungen ab oder genauere Zahlen an.

Motiv:
Reduzierung der Bevölkerung in der Dritten Welt

Die Fakten zeigen, wohin der Weg gehen soll. Es geht überhaupt nicht um die Frauen, die auf der weltweiten Mitleidstour der Abtreiber so gerne als Beispiele genommen werden: nicht um Frauen, die an selbstversuchter Abtreibung sterben und fünf Kinder als Waisen hinterlassen. Nicht um Frauen, denen eine Abtreibung verweigert wurde, obwohl sie nur dann eine lebensrettende Krebstherapie hätten bekommen können, und die dann an ihrer Krankheit sterben, weil sie das Kind austragen müssen. Nicht um Frauen, die vergewaltigt oder als Minderjährige vom eigenen Vater missbraucht werden. Und nicht um Frauen, die nicht lebensfähige oder behinderte Kinder (die in Deutschland ganz selbstverständlich bis zur Geburt abgetrieben werden!) austragen müssen. Alle diese Fälle werden immer als Argumente zur Legalisierung ins Feld geführt und in schillernden Tränendrüsenfarben dargestellt – Abtreiber zeigen gern grausame Bilder von toten, blutüberströmten Frauen, die gerade bei einem Abtreibungsversuch ums Leben kamen. Von den ersten 8.000 Frauen aber, die nach der Legalisierung in Mexiko eine Abtreibung vornehmen ließen, waren gerade einmal 5 % in einer der geschilderten Lagen. So ist der generelle Ablauf: Extremfälle müssen herhalten, um die gesetzliche Regelung für alle zu erzwingen – dabei könnte man für solche Fälle durchaus Ausnahmeregelungen innerhalb der bestehenden Gesetze finden. Diese gesetzliche Neuregelung hat dann zur Folge, dass weit über 95 % aller Abtreibungen völlig gesunde oder behinderte, in jedem Fall aber lebenswerte Kinder von ebenso gesunden Frauen mit vielfältigen, aber lösbaren Problemen betreffen – mit dem Tod der Kinder und der massiven äußerlichen und innerlichen Verletzung der Frauen als Folge.

Zu den ideologischen Zielen, die hier weltweit verfolgt werden, gehört die aus all diesen Fakten zu schließende Annahme, dass es bereits bei der Gründung der UNFPA 1967 ein Motiv gab, vor allem in der Dritten Welt die Bevölkerung zu verringern. Dies gilt nicht nur für den Bevölkerungsfonds. Der erste Exekutiv-Direktor der UNESCO, die ihre Schwerpunkte in Erziehung und Kultur hat, war von 1945–48 Julian Huxley, der arme und mit Erbkrankheiten behaftete Menschen von der „Reproduktion" abhalten, intelligente Menschen dagegen dazu ermutigen wollte (Galton Lectures, 1936 und 1962). Weiterhin ist folgendes Zitat von ihm überliefert (1962): „Die Eugenik wird schließlich Methoden der künstlichen Befruchtung durch Samenspender von hoher genetischer Qualität anwenden müssen." Auch Aussagen wie die des Nobelpreisträgers James Watson, des Mit-Entdeckers der menschlichen DNA, dürfen daher nicht verwundern: „mein Standpunkt ist, dass es unverantwortlich ist, die Geburt eines Kindes zuzulassen, das eine ernste und unheilbare Krankheit hat. (…) Ich sehe nicht, warum jemand geboren werden sollte, der ein geringeres, beschränkteres Leben haben wird" (Die Welt, 12. September 2005). Und in der „Frankfurter Rundschau" vom 22. Oktober 2007 sagte er: „Unsere gesamte Sozialpolitik basiert auf der Tatsache, dass ihre Intelligenz (gemeint sind Afrikaner) der unseren entspricht – wobei alle Untersuchungen sagen, das stimmt nicht wirklich. (…) wer mit schwarzen Beschäftigten zu tun hat, weiß, dass das nicht stimmt."

Töten statt Entwicklungshilfe

Das erklärte Endziel ist, neben solchen der Faktenlage nach möglichen eugenischen oder rassistischen Motiven, ein „Menschenrecht auf Abtreibung", das immer häufiger als solches formuliert wird. Unter dem Recht auf Privatsphäre listet IPPF auf: „4.2 All women have the right to autonomous reproductive choices including choices relating to safe abortion" („Alle Frauen haben das Recht auf autonome reproduktive Wahlmöglichkeiten, inklusive der Möglichkeiten, die sich auf sichere Abtreibung beziehen"). Schon bei der Verabschiedung der UN-Menschenrechts-Konvention, die im Dezember 2008 ihren 60. Jahrestag feierte, war das Lebensrecht vor der Geburt ein Streitpunkt: Chile und der Libanon verlangten, dass das Recht auf Leben, Freiheit und Sicherheit der Person ab der Empfängnis festgeschrieben werden solle – dieser Antrag konnte sich nicht durchsetzen. Die Kinder-Konvention der UNO definiert Kinder ausdrücklich ab der Geburt, eine Tatsache, auf die sich z. B. FIAPAC beruft, wenn vehement bestritten wird, das es sich vor der Geburt um Kinder handelt und nicht um Föten, Schwangerschaftsmaterial, Gewebe oder ähnliches. Im Dezember 2008 geriet erneut der Vatikan ins Visier der Ideologen, weil er sich weigerte, die neue Behinderten-Konvention zu unterzeichnen. Der Grund liegt darin, dass in Artikel 25 den Menschen mit Behinderung volle „reproduktive Rechte" zugestanden werden sollen, die eben auch das Recht auf Abtreibung (zum Beispiel von Kindern mit Behinderungen) beinhalten.

Der Vatikan hält seit Jahrzehnten als einer von wenigen Staaten und Institutionen konsequent gegen diese menschenfeindliche und menschenverachtende Dezimierungsstrategie. Medien und westliche Öffentlichkeit reagieren jedes Mal in einem Pawlowschen Reflex, sobald der Papst es wagt, die Wahrheit zu sagen, wie im März 2009 bei seiner Reise nach Kamerun und Angola. Seine berechtigte Aussage, dass Kondome allein das Aids-Problem in Afrika nicht lösen könnten, führte zu dem typischen Betroffenheits-Aufruhr bei den üblichen Verdächtigen in Medien, Klerus und Politik, die spanische Regierung schickte spontan 1 Million Kondome nach Afrika (mit einem locker sechsstelligen Umsatz für den Hersteller, er hat sicher ein Sonderangebot gemacht) – in Spanien tobt zur Zeit ohnehin ein äußerst heftiger Kulturkampf an allen Fronten. Die Öffentlichkeit wurde aber nicht darüber informiert, dass die Afrikaner selbst dem Papst für seine Worte sehr gedankt haben. Sie wurde nicht über die zukunftsweisenden Reden und Predigten von Benedikt XVI. bei seinem Besuch informiert. Und sie wurde nicht darüber informiert, dass es auf dem Petersplatz eine Demonstration von mehreren tausend afrikanischen Studenten gab, die ihm ebenfalls dankten und sich klar auf seine Seite stellten. Man muss den Eindruck gewinnen, dass es den „bevölkerungsaktiven" Organisationen definitiv nicht darum geht, den ärmsten Staaten wirklich zu helfen. Sie kümmern sich nicht in großem Stile um den Zugang zu sauberem Wasser, um den Bau von Schulen oder die Verbesserung der medizinischen Versorgung. Sie pumpen seit über 40 Jahren Milliarden von US-Dollar (insgesamt wohl schon weit über 8 Milliarden) in Programme, die ausschließlich das Ziel haben, mit allen Mitteln die Bevölkerung zu reduzieren. Wieviel Gutes und für die Bevölkerung dieser Staaten Sinnvolles hätte man mit so viel Geld bewirken können?

In der Dominikanischen Republik gab es 2007 eine große Kampagne, um auch in diesem Land die Abtreibung zu legalisieren. Dass der Plan nicht aufgegangen ist, ist vor allem der Kirche zu verdanken, was Nicolás López, der Kardinal von Santo Domingo, anschaulich geschildert hat. Er betonte, dass, um solche Entwicklungen zu vermeiden, sich vor allem die Kirche geschlossen vor der ganzen Welt für das Leben aussprechen müsse. Er selbst hatte massive Proteste in seinem Land organisiert. Tausende von Menschen blockierten den Verkehr, trugen Banner, schalteten an einem bestimmten Tag beim Autofahren das Licht ein. Auf diese Weise konnte der Kardinal in Zusammenarbeit mit vielen Menschen tatsächlich die Einführung eines solchen Gesetzes verhindern – zumindest vorübergehend.

Die von den Organisationen vorgeschobene Absicht, die „Müttersterblichkeit" um zwei Drittel zu senken, kann auch durch legalisierte Abtreibung rein zahlenmäßig schon nicht erreicht werden, nicht einmal, wenn man die angeblich 70.000 Todesfälle damit tatsächlich verhindern könnte. Es blieben, selbst wenn man der Argumentation der Organisationen folgt, immer noch 430.000 Frauen, die im Zusammenhang mit Schwangerschaft und Geburt und nicht bei einer Abtreibung sterben. Statt also Abermillionen von Geldern in Abtreibungsmethoden zu stecken, könnte man das Geld auch für die wirklich als vorrangig zu ergreifenden, menschenwürdigen Maßnahmen verwenden: bessere medizinische Gesundheitsversorgung, Vorsorgeuntersuchungen und Geburtshilfe. Damit könnte man immerhin schon einmal einem der Großteil dieser 430.000 Frauen sinnvoll helfen und Leben retten. Das aber würde gleichzeitig zunächst zu steigenden Bevölkerungszahlen in der sogenannten Dritten Welt führen und erst nach Generationen zu sinkender Kinderzahl pro Frau, mit steigenden Wirtschaftszahlen und verbesserter Bildung dann natürlich auch zu größerer Macht und höherem Einfluss in der Staatengemeinschaft – und damit vermutlich zum Gegenteil von dem, was IPPF, UNFPA und all die anderen Organisationen anstreben.

Neben Verhütung und Abtreibung sind es übrigens noch weitere Maßnahmen, die die Geburtenrate senken sollen: Man kann zum Beispiel einer Frau nur alle drei Jahre einmal Mutterschaftsurlaub gewähren, die Steuern für Mehrkindfamilien erhöhen oder kostenlose medizinische Versorgung für die ganze Familie anbieten, falls einer der Eheleute sich sterilisieren lässt. Insgesamt ist es ein ganzes Maßnahmenpaket, das geschnürt wird, um die Bevölkerung vieler Staaten faktisch zu weniger Kindern zu zwingen – soweit zur elternbestimmten „Famlienplanung".

Dass die Panik vor einer angeblichen Bevölkerungsexplosion nicht den Tatsachen entspricht, dass unsere Ressourcen jetzt schon viel länger reichen als vor einigen Jahrzehnten prophezeit, und dass man noch weit mehr Menschen ernähren könnte, als jetzt auf der Welt leben, ist längst vielfältig nachgewiesen worden. Somit gab und gibt es einfach keinen logischen, vernünftigen oder auch nur hinreichenden Grund, diese Dezimierungspolitik in Staaten mit schwarzer, gelber und brauner Bevölkerung zu betreiben, abgesehen davon, dass wir hier in den westlichen Industriestaaten die schlimmsten Umweltsünder und Ressourcenverbraucher sind – logischerweise müsste man also eher uns abschaffen als die Bewohner Nigerias.

Ein klares finanzielles Sparziel ist in dem genannten Schreiben der „UN Population Division" übrigens auch festgehalten: „For every dollar spent in family planning, between 2 and 6 dollars can be saved in interventions aimed at achieving other development goals" – „Für jeden Dollar, der für Familienplanung ausgegeben wird, können zwischen 2 und 6 Dollar bei Maßnahmen gespart werden, die darauf zielen, ein anderes Entwicklungsziel zu erreichen." Anders formuliert: Für jeden Dollar, den man in künstliche, praktisch erzwungene Bevölkerungsdezimierung steckt, kann man 2 bis 6 Dollar an echter Entwicklungshilfe sparen.

„Die Zukunft war früher auch besser.“

Karl Valentin

SCHLUSSWORT

Ein Forscher hat kürzlich errechnet, dass durch 50,5 Millionen Abtreibungen in den USA seit 1970 dem Staat ein Bruttoinlandsprodukt von insgesamt 35 Milliarden Dollar verlorengegangen ist, verursacht durch weniger Steuereinnahmen, die fehlende Produktivität der abgetriebenen Bürger und weniger Beiträge zu Sozialversicherungen. Außer der Menschlichkeit, die durch die vielen Tötungen von Kindern vor der Geburt verlorengeht, außer dem sinnlosen Tod von Milliarden unschuldiger Kinder, außer dem Leid aller Betroffenen kann man, um dieses Verbrechen an unserem Nachwuchs zu beenden, auch klare wirtschaftliche Aspekte anbringen: es gibt zum Beispiel keine ökonomische Theorie, die sinnvoll belegt, wie bei schrumpfender Bevölkerung ein Wirtschaftswachstum möglich sein soll.

Was die Menschenwürde und das Recht auf Leben angeht, ist es nicht fünf vor zwölf, sondern schon Viertel nach zwölf. Letztendlich könnte der Mensch selbst überflüssig werden. Oder wir nehmen Artikel 1 unseres Grundgesetzes erstens wörtlich, zweitens uneingeschränkt und drittens ernst: „Die Würde des Menschen ist unantastbar."

Es ist höchste Zeit, den Kampf gegen Abtreibung weltweit und flächendeckend zu führen. Zu lange wurde Lebensschutz als die Sache einiger „unverbesserlicher" Idealisten angesehen.

Abtreibung ist weder Privatsache noch eine „nur" moralische Angelegenheit oder eine Gewissensfrage für die einzelne Frau: Abtreibung ist eiskaltes Geschäft mit dem Tod, Neokolonialismus, Versklavung der Frauen, Schädigung des Gemeinwohls und der Zukunft der Menschheit.

Die massenweise, weltweite Tötung von Kindern ist die Seuche des 20. und 21. Jahrhunderts. Sie zu bekämpfen bedarf aller moralischen, publizistischen, politischen und gesetzgeberischen Anstrengung, auf nationaler wie auf internationaler Ebene.

Literaturliste

Access to safe and legal abortion in Europe, Doc. 11537 vom 17. März 2008, EU-Parlament, Kommission für die Gleichstellung von Frauen und Männern. Siehe auch darauffolgende Resolution entsprechend dem Bericht, Nr. 1607 (2008)

Altner, G.; Leben in der Hand des Menschen. Die Brisanz des biotechnischen Fortschritts, Darmstadt 1998

Amariglio, N., und andere; Donor-derived brain tumor following neural stem cell transplantation in an Ataxia Telangiectasia patient, in: PLoS Medicine, Februar 2009, Volume 6, S. 1–11

Auf Nummer sicher mit der „Pille danach". Informationen für Jugendliche, Broschüre hg. v. pro familia, 2007

Berlin-Institut für Bevölkerung und Entwicklung. Pressemeldung zur Studie „Ungewollt kinderlos", 2007

Bird, K.; Stem cell technology is the „new age of anti-aging" skincare, say top scientists at HBA, in: www.cosemeticsdesign.com, 10. September 2008

BMBF Förderungskennzeichen 01GN0107: Plastizitätspotenzial somatischer Stammzellen aus fötaler Leber, dem Nabelschnurblut und aus Erwachsenenknochenmark für neutrale Differenzierung (Plasticity and engraftment potentials of stem cells derived from fetal liver, umbilical cord blood and adult marrow for neuronal differentiation)

Braun, K.; Menschenwürde und Biomedizin, Frankfurt 2000

Cologne-model.com. Biologische Response-Modifier

Denkschrift 2008 zur Haushalts- und Wirtschaftsführung des Landes Baden-Württemberg mit Bemerkungen zur Haushaltsrechnung für das Haushaltsjahr 2006, hg. vom Rechnungshof Baden-Württemberg, 24.04.2008

Die Pille danach. Notfallverhütung, hg. von der BZgA, Juli 2005

DRV-Mitteilungen 3/2005; Eine dem internationalen Wissensstand angepasste Auslegung des deutschen Embryonenschutzgesetzes, S. 196–202

Duden, B., Schlumbohm, P. V. (Hg.); Geschichte des Ungeborenen. Zur Erfahrungs- und Wissenschaftsgeschichte der Schwangerschaft, 17.–20. Jahrhundert, Göttingen 2002

Edwards, W. MD, Carson, S. A. MD; New technologies permit safe abortion at less than six weeks' gestation and provide timely detection of ectopic gestation, in: American Journal of obstetrics and gynecology, May 1997, Vol. 176, No. 5

El Salvador Info Nr. 1-07, hg. v. Amnesty international, 31.01.2007

Entschließung des Europäischen Parlaments vom 4. September 2008 zu dem Thema Müttersterblichkeit im Vorfeld der hochrangigen Veranstaltung der Vereinten Nationen zur Überprüfung der Millenniums-Entwicklungsziele am 25. September 2008

EP0017595 (Patentnummer): Use of cosmetic products comprising frozen foetal substances for direct application on the skin

Ernst, S.; Die Unverfügbarkeit des menschlichen Lebens (Pädagogik und freie Schule, Heft 36), Köln 1988

European Centre for the Validation of Alternative Methods (ECVAM); Statement on the scientific acceptability and practical availability of in vitro methods for the production of monoclonal antibodies, 14.05.1998

Family Planning. A global handbook for providers, hg. unter anderem von der WHO, 2007

Faßhauer, M.; Einfluß der Organisation des Mikrofilamentsystems auf die Synthese von Proto-Onkogen-Proteinen und Cyclinen. Dissertation zur Erlangung des akademischen Grades Doktor der Medizin (Dr. med.) vorgelegt an der Medizinischen Fakultät der Martin-Luther-Universität Halle-Wittenberg, verteidigt am 19.01.2001

FDA (Food and drug administration), Bericht über Treffen des „Vaccines and related biological products advisory committee", 16.05.2001

FDP Landtagsfraktion Schleswig-Holstein, Presseinformation Nr. 359/2001, Kiel, 17. Oktober 2001; Ekkehard Klug: „Stammzellenforschung darf nicht länger blockiert werden"

Fiala, C. und Safar, P.; Misoprostol in Geburtshilfe und Gynäkologie, in: Frauenarzt 44 (2003), Nr. 8, S. 882-885

FIAPAC-Kongress Berlin 2008: Abstract book „Reproductive Health and responsibilities"

Franz, W.-M.; Therapie mit embryonalen Stammzellen bei Herzinisuffizienz (Internetseite des Robert-Koch-Instituts)

Friday Fax von Austin Ruse (C-fam, New York), wöchentlicher Informationsdienst

Friedl, Thomas; regelmäßiger Informationsdienst zu Lebensrechtsthemen aus Berlin

Gali, Alexander; Frischzellen, Edenkoben 1978

Genzel, Y., Reichl, U.; Grippe Impfstoffherstellung in Einweg-Biore-aktoren, Max-Planck-Gesellschaft 2007 (www.mpg.de)

Gesetz über die Spende, Entnahme und Übertragung von Organen und Geweben (Transplantationsgesetz – TPG), Neufassung vom 04.09.2007

Gesetz über Qualität und Sicherheit von menschlichen Geweben und Zellen (Gewebegesetz), vom 20. Juli 2007

Global Impact, Informationsbroschüre von Ipas

Glueck, M.A., M.D., Cihak, R.J. M.D.; Fetuses Harvested for Cos-metic Procedures, in: The Medicine Men, Thursday, Aug. 24, 2006

Hyun-Seok, K. und andere: Large-scale culture of hepatitis A virus in human diploid MRC-5 cells and partial purification of the viral antigen for use as a vaccine, in: INIST-CNRS, 2007

Keller, N. und andere; Einstufung von Organismen – Zellinien. Ent-wurf von Juli 2007 (als Vollzugshilfe für das BAFU)

Key information regarding smallpox Vaccine, in: Biosecurity and Bioterrorism, Vol. 1 No. 1, 2003

Kosmetika – Inhaltsstoffe – Funktionen; hg. vom Industrieverband Körperpflege- und Waschmittel e.V.

Lattrell, B.C., Abendroth, D.; Gesundheitsökonomische Aspekte von Nierentransplantationen, in: Transplantationsmedizin 2007, 19. Jahrgang, S. 85

LebensForum, wissenschaftliche Zeitschrift der Aktion Lebens-recht für Alle e.V.

Levonorgestrel for emergency contraception, Factsheet, hg. v. der WHO, Oktober 2005

LifeNews.com; Nachrichtendienst aus den USA zu Lebens-schutzthemen, hg. v. Steven Ertelt

Medikamentöser Schwangerschaftsabbruch mit Mifegyne/Mifepri-ston. Wichtige Informationen zu Ihrer Entscheidung, hg. v. Contra-gest Pharma-Vertrieb GmbH

Mifegyne (Mifepristone). Scientific information and guide to use (Januar 2008, hg. v. Exelgyn)

Mitteilung vom 08.09.2004, Nr. DE0006632003, der www.boer-senag.de

Molnar, E.M., Sukhikh, G.T.; Transplantation of human fetal tissues – clinical and medical aspects, o.J.

Nathanson, B.; Die Hand Gottes. Eine Reise vom Tod zum Leben, Horn 1997

Patentschrift DE 197 56 864 C 1 vom 29.4.1999

Pfleiderer, Michael; Herstellung und Qualitätskontrolle von Impfstoffen, in: Pharmakologie unserer Zeit, 1/2008, S. 28–38

Pilette, Jean; Vaccins – Constituants (Bestandteile von Impfstoffen), November 2004

„Pille danach" und „Spirale danach". Hilfe nach ungeschütztem Geschlechtsverkehr, hg. v. pro familia 2006

Paul, M. E. und andere; Early surgical abortion: Efficacy and safety, Mosby 2002

Pro Familia, Jahresbericht 2007

Roadmap 2007 für das Gesundheitsforschungsprogramm der Bundesregierung, hg. vom Gesundheitsforschungsrat des BMBF

Robert-Koch-Institut; Register genehmigter Anträge nach § 11 Stammzellgesetz (StZG)

Rösler, R.; Der Dämon des Thomas Robert oder Was heißt hier Überbevölkerung?, Abtsteinach/Odw. 1997

Rösler, R.; Rohstoff Mensch. Embryohandel und Genmanipulation, Stein am Rhein 1986

Schneider, I.; Föten. Der neue medizinische Rohstoff, Frankfurt/Main, New York 1995

Schwangerschaft und Schwangerschaftsabbruch bei minderjährigen Frauen. Erste Ergebnisse eines pro familia-Forschungsprojektes, in: pro familia Magazin 02/2006, S. 23–27

Smith, L. T., Holbrook, K. A., Madri, J. A.; Collagen types I, III, and V in human embryonic and fetal skin, American Journal of Anatomy, 1985

Sylva, D.; Der UN-Bevölkerungsfonds (UNFPA). Ein Angriff auf die Völker der Welt, in: Medizin und Ideologie, 1 + 2/06, S. 46–55

The Wistar Institute, Annual Report (Jahresbericht) 2007 (Making an Impact, Wistar science in the world)

Thompson, A.; A barbaric kind of beauty, in: Daily Mail (online) vom 07.08.2006

Thomson, James A. und andere; Embryonic stem cell lines derived from human blastocysts, Report 05.08.1998

Volkmer, Klaus-J.; Impfungen – Aktuelle Aspekte (Centrum für Reisemedizin), April 2007

Von der Technologie zum Produkt; Morphosys-Geschäftsbericht 2007

Wenderlein, M. J.; Kosten senken durch Prostaglandin-Umstellung, in: Frauenarzt 44 (2003), Nr. 10, S. 1124–1125

What would it take to accelerate fertility decline in the least developed countries? UN Population Division Policy Brief, No. 2009/1, März 2009

Wisconsin Alumni Research Foundation (WiCell Research Institute), Registered Cell Lines (United States)

Wobus, A., Hucho, F. und andere; Stammzellforschung und Zelltherapie. Stand des Wisssens und der Rahmenbedingungen in Deutschland. Supplement zum Gentechnologiebericht

www. bcro-asia.com

www.biolab-bw.de

www.biotechnologie.de

www.crucell.com

www.emcell.com

www. explorevaccines.wordpress.com

www.medra.com

www.morphosys.com

www.paperboy/kosmetiktipps.de

www.vfa.de

Zur Arbeit von amnesty international zu Schwangerschaftsabbrüchen in Notfällen, Pressemitteilung Juni 2007

Zur Hausen, H.; Induction of Specific Chromosomal Aberrations by Adenovirus Type 12 in Human Embryonic Kidney Cells, in: Journal of Virology, Vol.1, No. 6, Dec. 1967, S. 1174–1185